HEYNE

Sünje Nicolaysen

DER ULTIMATIVE BIER-GUIDE

Zum Kenner
in 222 Grafiken

Mit Illustrationen von Ole Schleef

WILHELM HEYNE VERLAG
MÜNCHEN

Verlagsgruppe Random House FSC® N001967

Originalausgabe 07/2018

Copyright © 2018 by Wilhelm Heyne Verlag, München,
in der Verlagsgruppe Random House GmbH,
Neumarkter Straße 28, 81673 München
Redaktion: Dr. Michael Schmidt
Layout: Tina Polster, PAULINENPLATZ
Umschlaggestaltung: Hauptmann und Kompanie Werbeagentur, Zürich
Druck und Bindung: DZS Grafik, Ljubljana
Printed in Slovenia
ISBN: 978-3-453-60475-9

www.heyne.de

INHALT

Warum und für wen ich dieses Buch geschrieben habe

Ein kühles Bier war für mich schon immer die bessere Alternative zu Longdrinks und Cocktails, für die norddeutsche Deern allerdings beschränkt auf den Bierstil Pils – mit nur wenigen Ausnahmen. Selbst als Craft Beer nach und nach die Theken Hamburgs eroberte, hielt ich die 0,33-Liter-Pils-Flasche noch fest umklammert. Bis aus Neugier der allererste Griff zu einem handgemachten Bier folgte. Und das schmeckte anders, aber überraschend gut. Dann der nächste Probierschluck, dieses Mal von einem anderen Bierstil. Wow, auch nicht übel! Vielleicht sollte ich doch mal der Wiederentdeckung der großen Biervielfalt und den Interpretationen alter (auch deutscher) Bierstile eine Chance geben?

Ein zweitägiges Seminar für angehende Beerkeeper bei Birgit Rieber und Sepp Wejwar tat sein Übriges. Ich wollte diese neue, facettenreiche Bierwelt entdecken und verstehen lernen. Und das funktioniert für mich als Journalistin am besten über das Schreiben. Die Entscheidung, ein Buch über Bier zu schreiben, war längst gefallen. Mein erklärtes Ziel: Alles rund um die bekanntesten Bierstile, das Bierbrauen und die klassischen Rohstoffe mit eigenen Worten so zu beschreiben, dass diejenigen, denen es genauso geht wie mir, einen Überblick gewinnen. Und spätestens im Kapitel Biertester soll man Lust darauf bekommen, das große Bündel an Aromen aus Bier herauszuschmecken.

Es ist mir wichtig, dass die Lektüre des Buches kein Wissen voraussetzt, daher erkläre ich die Themen Bier und Brauen von Grund auf. Also fange ich bei der Ernte des Hopfens an. Ergänzend und erklärend dazu: unterhaltsame Illustrationen von Ole Schleef, mit dem ich bereits seit der Oberstufe Pils trinke.

Was während der Recherche und dem Schreiben des Buches folgte, waren viele gute Gespräche mit Bierexperten und leidenschaftlichen Biergenießern, das Wälzen der Klassiker der Bierliteratur, Brauereibesuche samt Klönschnack mit Brauern und das Brauen meines ersten eigenen Bieres zu Hause in der Küche. Sogar Bier-Yoga habe ich ausprobiert. Das letzte Industriebier aus der Gemüseschublade meines Kühlschranks landete schließlich in einem Bier-Brotteig.

Trotzdem mag manch einer denken, dass es mutig oder zumindest ungewöhnlich ist, als Frau und dann auch noch als Hamburgerin ein Bierbuch zu schreiben. Nein, gerade eine Frau und noch dazu aus Hamburg sollte das machen. Das aber erklärt sich spätestens in unserem Kapitel zur Biergeschichte.

für
Biertrinker

—

Hat man früher vor einem Bierabend unter Freunden blindlings zum Lieblings-Sixpack gegriffen, hat man heute die Qual der Wahl. Wir werfen einen ersten Blick auf Craft Beer, widmen uns aber auch allgemeinen Fakten und praktischen Tipps rund ums Bier und das Trinkverhalten.

OANS, ZWOA, DREI ...
Bier in Zahlen
—

Warum die Supermärkte aufrüsten sollten, die deutschen Brauereien nicht aufatmen können und was das Ganze mit Fußball zu tun hat – unser Biertrinkverhalten in Zahlen.

Pro-Kopf-Bierkonsum in Europa

Europameister sind die Tschechen mit ihrem unstillbaren Bierdurst. Aber wie steht es eigentlich um den Konsum der anderen Biernationen? Ein Top-20-Vergleich in jährlichen Litern.

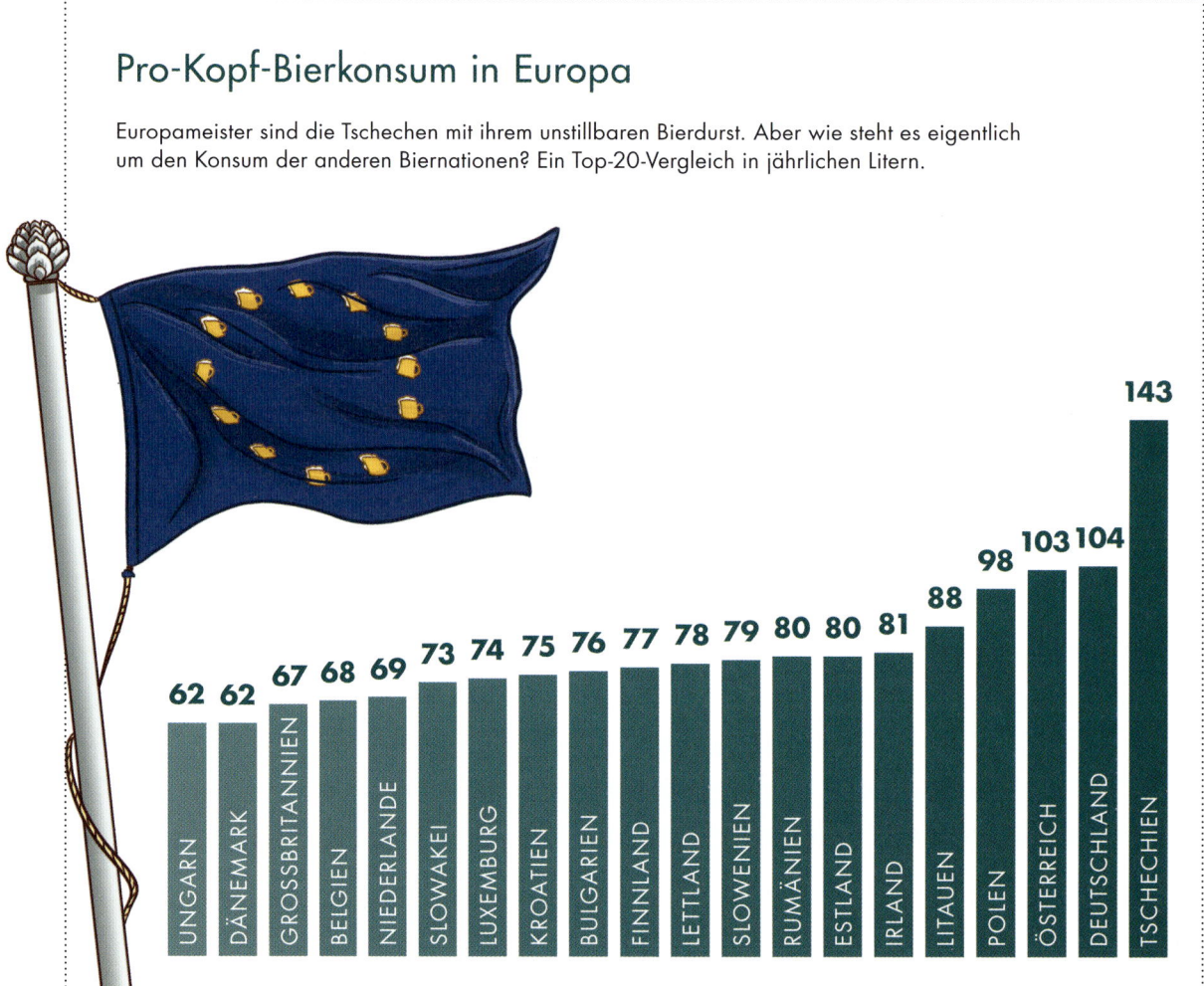

UNGARN	62
DÄNEMARK	62
GROSSBRITANNIEN	67
BELGIEN	68
NIEDERLANDE	69
SLOWAKEI	73
LUXEMBURG	74
KROATIEN	75
BULGARIEN	76
FINNLAND	77
LETTLAND	78
SLOWENIEN	79
RUMÄNIEN	80
ESTLAND	80
IRLAND	81
LITAUEN	88
POLEN	98
ÖSTERREICH	103
DEUTSCHLAND	104
TSCHECHIEN	143

Quelle: Brewers of Europe, 2017

95,8 MILLIONEN HEKTOLITER

setzten Deutschlands Brauereien 2016 ab. Damit hatte sich der deutschlandweite Bierdurst, der seit 2002 stetig zurückgegangen war, erstmals wieder um ein paar (wenn auch wenige) Prozentpunkte erholt. Im ersten Halbjahr 2017 ist der Absatz jedoch wieder um 1 Million Hektoliter gesunken.

FAST 37,3 LITER BIER UND BIERMIX-GETRÄNKE

hat jeder Deutsche 2016 gekauft. Kein Wunder, schließlich machten die Fußball-Europameisterschaft und das 500. Jubiläum des deutschen Reinheitsgebots Appetit auf Bier. 2017 ging der Absatz zurück, dabei werden als Gründe weniger Fußball und schlechteres Wetter genannt.

GUT JEDER ZWANZIGSTE LITER BIER

der in Deutschland gebraut und als Lieblingsbier getrunken wird, ist alkoholfrei oder weniger alkoholhaltig.

RUND 1/4 DER DEUTSCHEN BIERTRINKER

haben in den letzten zwölf Monaten Craft Beer für zu Hause gekauft.

~16,5 Millionen

Hektoliter Bier werden jährlich von der Bier-Nation Deutschland ins Ausland exportiert.

>50%

des deutschen Bierabsatzes macht die Lieblingssorte der Deutschen, das Pils, aus.

MÄNNER TRINKEN DAS BIER MEIST PUR

FAST JEDE ZEHNTE FRAU

in Deutschland greift am liebsten zu Biermixgetränken.

WÖCHENTLICH

kommt mindestens ein neues Bier auf den Markt. Mittlerweile stehen rund 1.400 Brauereien in Deutschland für etwa 6.000 verschiedene Biere.

Quellen: Destatis, Deutscher Brauer-Bund, Nielsen, Mintel

BIER-GESCHICHTE

—

Brauen ist Frauensache? Jep, das zumindest war in den ersten Jahrhunderten unserer Zeitrechnung der Fall, ehe die Klöster die Braukunst aus Frauenhand nahmen.

Schon bei den Germanen und auch später im Mittelalter lag das Gelingen des Biersuds in der Verantwortung der Frau, und das galt nicht nur für das Brauen zu Hause, sondern auch für die Brauhäuser der Städte und Dörfer. Der große Bierkessel gehörte übrigens zur Mitgift einer Frau, dazu oftmals auch das streng gehütete Familienrezept.

Die führende Rolle als Brauorte übernahmen im Mittelalter dann die Klöster. Und das nicht ohne Grund, schließlich konnten hier Schriften gelesen, geschrieben und somit auch Braurezepte und -verfahren überliefert werden. Die wohl berühmteste, erste Braumeisterin ist die Äbtissin Hildegard von Bingen. Als Naturwissenschaftlerin nannte sie bereits in ihrer Schrift „Causae et curae" die heilsame Wirkung der Hopfenpflanze und empfahl Bier als Stimmungsaufheller. In dieser Zeit wurde Hopfen zur Zutat im Bier.

Getrunken wurde Bier damals von jedermann, von Erwachsenen, Kindern und Schwangeren. Mehrere Liter täglich waren normal. Kein Wunder, schließlich war das Bier abgekocht und somit relativ lange keimfrei und zudem auch noch mit antibakteriell, konservierend wirkendem Hopfen gebraut. So war es tatsächlich eine gesündere Alternative zum verschmutzten Trinkwasser. Nicht zu vergessen, dass das Bier damals auch nicht so stark war, wie wir es heute kennen. Man vermutet, dass es um die zwei Volumenprozent hatte.

Der Norden war's

Kein Süddeutscher hört das gern, schon gar nicht, wenn der Ur-Bayer mit einer norddeutschen Frau ein ebenso norddeutsches Bier in einem Hamburger Gasthaus trinken muss: Die deutsche Biergeschichte hat ihren Anfang nicht im Süden der Republik.

Nein, es waren die Norddeutschen, die bereits im Mittelalter fleißig um die Wette brauten. Um 1500 gab es in Hamburg etwa 600 Brauereien. Über die Hanse wurde das Bier per Schiff nach Skandinavien, Russland und sogar bis nach Indien verschippert, es war das wichtigste Exportgut. In Bayern hingegen gab es zu dieser Zeit noch keine Brautradition, hier setzte man noch auf den Rebsaft Wein. Grob gesagt verlief damals eine Grenze zwischen Germanien und dem Römischen Reich und teilte Europa in Bier- und Weintrinker. Wobei es sich der bayrische Hof trotzdem nicht nehmen ließ, sich das damals sagenumwobene Einbecker Bier aus dem Norden liefern zu lassen.

Steuern & Gesetze

So viel Bierdurst ließ den Fiskus nicht kalt: Steuern wurden fällig. Aber auch Panschern sollte das Handwerk gelegt werden, schließlich wurde Bier nicht selten verdünnt ausgeschenkt, mit (angeblich) aphrodisierenden Zutaten oder mit verstärkenden Rauschmitteln wie Tollkirsche oder Schlafmohn gebraut. Oder es war schlichtweg ungenießbar.

Grund genug für die bayrischen Herzöge Wilhelm IV. und Ludwig X. im Jahr 1516 mit einer Landesverordnung, heute bekannt unter dem Spitznamen „Reinheitsgebot", die erlaubten Zutaten für Bier festzulegen. Gerste, Hopfen und Wasser – sonst nichts. Die Hefe war aufgrund der fehlenden Mikroskop-Technik schlichtweg noch nicht als Inhaltsstoff bekannt. Zunächst galt es nur in Bayern, in ganz Deutschland dann ab 1906. Zum Reinheitsgebot später mehr, das Thema ist komplexer als allgemein bekannt.

FAST 10.000-JÄHRIGE BIERGESCHICHTE

Die Ursprünge des Biers liegen noch viel weiter zurück, nämlich in der Steinzeit, als die Menschen begannen, sesshaft zu werden und Äcker zu bestellen. Getreide wurde kultiviert, Brot- und Bier-Ähnliches wurde hergestellt. Archäologische Funde lassen vermuten, dass die Biergeschichte im Gebiet des Fruchtbaren Halbmondes, im Nahen Osten, seinen Ursprung hat, aber auch das zentrale China kommt infrage. Bereits 3000 v. Chr. wurde in Babylon die älteste überlieferte Bierschankordnung in Stein gemeißelt. Dabei wird deutlich: Das frühzeitliche Bier war irgendwas zwischen Volksnahrung und Rauschmittel.

Etwa ab 1500 v. Chr. gehörte im alten Ägypten das Getränk wie das Brot zu den Grundnahrungsmitteln und war auch der Lohn, den viele Arbeiter bekamen. Es waren auch die Ägypter, die begannen, mit Kräutern und Gewürzen im Bier zu experimentieren und somit auch verschiedene Bierstile zu entwickeln.

Bildvorlage für Kältemaschine: Linde AG

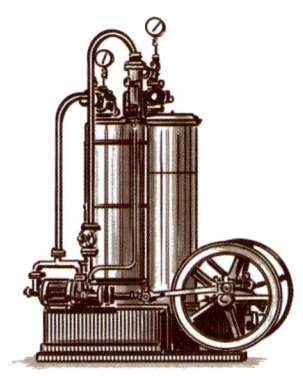

Industrialisierung setzt Impulse

Die Industrialisierung im 19. Jahrhundert brachte auch für die Brautechnologie entscheidende Entwicklungen mit sich, darunter die Entdeckung der Hefe als Mikroorganismus und auch der Aufbau eines Schienennetzes für den Transport der fertigen Biere mit der Eisenbahn in alle Himmelsrichtungen.

Wichtig war aber vor allem die Erfindung der Kältemaschine durch Carl von Linde, Professor an der Polytechnischen Schule München, der heutigen Technischen Universität. Mit der 1871 entwickelten Kältemaschine konnte man endlich das ganze Jahr über brauen – zur großen Freude der Brauereien. Davor konnten Brauer nur im Herbst oder Winter ihr Bier brauen, da die untergärigen Hefen nur bei Kälte bis 12 Grad Celsius arbeiten. Was nun begann, war der Siegeszug der untergärigen Biere.

Das Reinheitsgebot – das keines ist

Viel gepriesen, typisch deutsch und doch voller Irrtümer – ganz so eindeutig, wie das sogenannte Reinheitsgebot immer dargestellt wird, ist es nämlich keinesfalls.

Zuallererst heißt es gar nicht Reinheitsgebot. Das klingt zwar gut und schlüssig, ist aber nicht mehr als ein Spitzname mit Marketingpower. Seinen Ursprung hatte es in der bayrischen Landesverordnung von 1516, und heute heißt es „Vorläufiges Biergesetz".

Und was bedeutet das für den Brauer? Dass man sich an die Vorgaben halten sollte. Und die haben sich in den vergangenen Jahrhunderten nicht nur mehrmals verändert, die Richtlinien unterscheiden sich auch von Bundesland zu Bundesland. In Bayern sind sie am strengsten. In manchen Bundesländern ist die Verwendung von Rohr-, Rüben- oder Invertzucker sowie Stärkezucker oder aus Zucker hergestelltem Färbemittel erlaubt. Allerdings nur in obergärigen Bieren. Auch in Bezug auf alte Bierstile wie Berliner Weiße und Leipziger Gose gelten Ausnahmegenehmigungen. Und um es ganz kompliziert zu machen: Das Biergesetz wurde mehrmals gekippt, da es mit dem EU-Recht nicht vereinbar ist. Zuletzt 2005, seitdem ist nur die dazugehörige Durchführungsverordnung gültig.

Und dann sind da noch die vielen laut Biergesetz erlaubten Hilfsstoffe, von denen man gar nicht hören möchte. Unter anderem wird häufig der Kunststoff PVPP als Klärungsmittel eingesetzt. Da er wieder aus der Flüssigkeit entnommen wird, gilt er nicht als Zusatz und wird durchgewinkt.

CRAFT BEER
Trend oder Wandel?

—

Craft Beer ist in aller Munde und vor allem auch auf vielen Getränkekarten. Aber was genau steckt eigentlich dahinter? Wir spüren den Ursprung der Craft-Beer-Bewegung auf.

Im 20. Jahrhundert wird Bier in Europa und in den USA (größtenteils) zum Industrieprodukt, geschmacklich angepasst und somit immer austauschbarer. Jedes zweite Bier kommt aus der Produktion der Superkonzerne. Die Rettung der Biervielfalt schwappte ausgerechnet aus den USA nach Europa über. Aber warum eigentlich „ausgerechnet"? Als Einwanderungsland waren die USA schon früh ein Schmelztiegel der Bierkultur: Unter anderem wanderten Deutsche, Engländer und Iren vor Jahrhunderten ein. Im Gepäck hatten sie ihre Braumethoden und Rezepte aus der Heimat. Es entwickelte sich eine immens vielfältige Bierlandschaft, und im gesamten Land waren kleine Brauereien weitverbreitet. Doch mit der Prohibition, dem Verbot von Alkohol und Drogen, in den Zwanzigerjahren wurde diese Bierkultur nahezu vernichtet.

Fast ausschließlich Großbrauereien überlebten bis 1933, dem Ende der Prohibition. Die in den Fünfzigern einsetzende Automatisierung des Brauprozesses tat ihr Übriges: Die Biervielfalt war (vorerst) Geschichte. Biere ohne Ecken und Kanten waren noch in den Achtzigern in Amerika weitverbreitet, damals gab es gerade einmal knapp neunzig Brauereien im Land.

Eine Gegenbewegung entstand, Anlass war unter anderem auch die Aufhebung des Heimbrau-Verbots 1978 durch den damaligen Präsidenten Jimmy Carter. Kleine Brauereien, sogenannnte Craft Brewerys, wurden gegründet, besannen sich auf die alte Bierkultur und entwickelten neue Kreationen. Die Bierbegeisterung der Amerikaner wurde neu geweckt, spätestens Ende der Neunziger war sie kaum noch zu

bremsen. Heute gibt es über 5.000 Brauereien in den Staaten. Auf den Geschmack besonderer Biere kamen dann auch die Europäer. Vor knapp 20 Jahren schwappte die Craft-Beer-Welle endlich Richtung Deutschland, nahm dabei aber zunächst einen Umweg über dänische und italienische Brauer. Unsere beiden Nachbarländer waren Vorreiter in Europa, dort wurde Anfang der 2000er begonnen, kreativ und abseits des Mainstreams zu brauen. Etwa um 2010 zog dann das Craft Beer auch viele deutsche Bierliebhaber in seinen Bann. Der Wandel nahm Fahrt auf. Zunächst in den Großstädten Deutschlands, aber dank spezieller Bier-Online-Shops und einiger aufgeschlossener Supermärkte auch auf dem Land, sodass man heute sagen kann, das in allen Ecken Deutschlands Craft Beer genossen und auch gebraut wird.

Explosionsartiger Plopp:
Aus 90 Brauereien in den
USA wurden über 5.000.

Woran erkennt man nun Craft Beer?

In Deutschland gibt es keine offizielle Definition für Craft Beer, aber Rezepte, Produktion und Rohstoffe liefern doch klare Indizien:

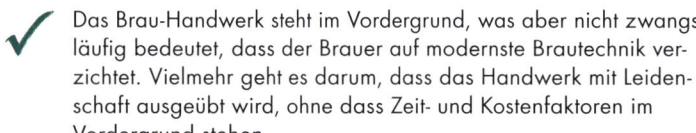 Das Brau-Handwerk steht im Vordergrund, was aber nicht zwangsläufig bedeutet, dass der Brauer auf modernste Brautechnik verzichtet. Vielmehr geht es darum, dass das Handwerk mit Leidenschaft ausgeübt wird, ohne dass Zeit- und Kostenfaktoren im Vordergrund stehen.

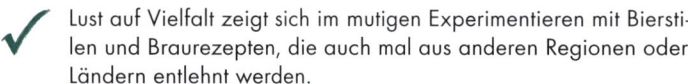 Lust auf Vielfalt zeigt sich im mutigen Experimentieren mit Bierstilen und Braurezepten, die auch mal aus anderen Regionen oder Ländern entlehnt werden.

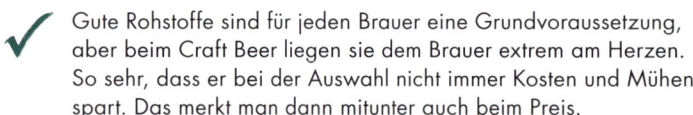 Gute Rohstoffe sind für jeden Brauer eine Grundvoraussetzung, aber beim Craft Beer liegen sie dem Brauer extrem am Herzen. So sehr, dass er bei der Auswahl nicht immer Kosten und Mühen spart. Das merkt man dann mitunter auch beim Preis.

✓ Adieu Mainstream! Das Endprodukt hat Charakter, selbst einen leichten Bierfehler verzeiht man notfalls, wenn er schmeckt!

IRREFÜHRENDE US-DEFINITION

Der Amerikanische Brauerbund, die Brewers Association, hat den Begriff „Craft Beer" klar definiert, indem für eine Craft Brewery unter anderem eine jährliche Obergrenze von 6 Millionen Barrel Bierausstoß festgelegt ist. Das entspricht etwa 10 Millionen Hektoliter Bier und somit ungefähr der Hälfte vom jährlichen Bierabsatz in Nordrhein-Westfalen. Auf die deutsche Craft-Beer-Produktion also lässt sich diese Definition nicht übertragen.

Kreativ gebraut

Traditionelle Braurezepte und sorgfältig ausgewählte Inhaltsstoffe sind für viele Craft-Beer-Brauer das Geheimrezept schlechthin, schließlich können allein im Hopfen, im Malz und in der Hefe jede Menge Aromen stecken. Aber nicht nur Brauer im Ausland lassen es sich trotzdem nicht nehmen, mit Gewürzen, Früchten & Co. zu experimentieren. Zum Beispiel hiermit:

Früchte:
Zitrone, Kirschen, Pflaume

Gemüse:
Rhabarber, Gurke, Kürbis

Kräuter:
Thymian, Koriander, Lorbeere

Gewürze:
Meersalz, Zimt, Gewürznelken, Ingwer

WAS SONST NOCH SO MIT BIER PASSIERT

—

Dass Bier ganz schön facettenreich sein kann, zeigen Mischgetränke und (Trink-)Rituale aus aller Welt. Die haben oftmals wenig mit Genuss zu tun, verraten dafür aber eine lebendige Bierkultur, über die man ab und an auch mal schmunzeln darf.

Pils/Helles + Zitronenlimonade = Alster / Radler

Weizenbier + Bananensaft = Bananenweizen

Pils + Cola = Diesel

Weizenbier + Zitronenlimonade = Russ

Pils + Mineralwasser = BMW

Berliner Weiße + Himbeer-/ Waldmeistersirup = Berliner Weiße mit Schuss

Altbier + Cola = Herforder (Krefelder)

Stout + Champagner = Black Velvet

Weizenbier + Cola = Flieger

Schwarzbier + Champagner = Bismarck

Der Mix macht's – Biermischgetränke

Für den einen eine favorisierte Abwechslung, für den anderen eine Verunglimpfung der Bierstile: Biermixgetränke sind für viele große Brauereien ein einträgliches Zusatzgeschäft.

Der eine oder andere (regionale) Klassiker lässt sich aber auch einfach nachmischen. Links eine kleine Bier-Mathematik.

Kurioses rund ums Bier

Jahrtausendealte Trinkkultur hinterlässt ihre Spuren. Kein Wunder, dass es die eine oder andere Kuriosität gibt.

Kastenlauf

Noch keine olympische Disziplin, aber immerhin ein weitverbreiteter Spaß, um das Biertrinken mit ein wenig Bewegung und frischer Luft zu vereinen. Bei dem vor allem unter Jugendlichen (und bei sich ewig jugendlich fühlenden Erwachsenen) beliebten Trinkspiel müssen kleine Teams, in der Regel Zweier-Teams, mit einem Kasten Bier eine bestimmte Strecke zurücklegen. Dabei müssen unterwegs vom Team alle Bierflaschen ausgetrunken werden. Wegschütten gilt nicht! Gewonnen hat das Team, das zuerst mit dem Kasten samt leer getrunkenen Flaschen die Ziellinie überquert.

Bier-Pipeline

Die flämische Kleinstadt Brügge macht es vor: Um die von der UNESCO als Weltkulturerbe deklarierte Altstadt zu schützen, ist eine in der Innenstadt liegende, historische Brauerei durch eine drei Kilometer lange, unterirdisch verlaufende Rohrleitung mit der außerhalb liegenden Abfüllanlage verbunden. Jetzt poltern keine Tanklaster mehr über das uralte Kopfsteinpflaster, stattdessen fließt täglich pures Bier durchs Rohr. Das inspirierte offenbar die Macher des Wacken Open Airs in Norddeutschland, auch hier wurde 2017 erstmals eine Bier-Pipeline auf dem Festival-Gelände verlegt.

Beercycling

Eins vorweg: Es geht hier nicht um polarisierende Bier-Bikes in deutschen Großstädten. Stattdessen bleiben wir beim Festival. Die Unmengen an menschlichem Urin, die beim jährlichen Roskilde-Festival in Dänemark fließen, inspirierten das dänische Landwirtschaftsministerium. 2015 wurden circa 54.000 Liter Urin der Festivalbesucher in riesigen Tanks gesammelt. Und nein, es wurde nicht verbraut, stattdessen aber als wertvolles Düngemittel für elf Tonnen Braugerste eingesetzt. Und das ergab dann 60.000 Flaschen Pilsner einer kleinen Brauerei namens Nørrebro Bryghus nahe Kopenhagen.

Beerpong

Zwei Teams, Tischtennisbälle, 12 Plastikbecher und ein Tisch – im besten Fall sogar eine Tischtennisplatte – schon steht die Basis für das angesagte Trinkspiel mit Bier. Damit es losgehen kann, werden die halb mit Bier gefüllten Becher auf den beiden gegenüberliegenden Seiten des Tisches aufgestellt. Und zwar jeweils in der Formation eines Dreiecks. Ziel ist es, Bälle in die Becher des Gegenübers zu werfen. Gelingt das, müssen die getroffenen Bierbecher vom gegnerischen Team ausgetrunken werden. Klar im Vorteil ist das Team, das noch zielsicher werfen kann.

Lüttje Lage

Das Herrengedeck der Hannoveraner ist nicht nur auf Volksfesten rund um Niedersachsens Metropole eine gern gesehene Trinkkombi, sondern auch auf der Speisekarte vieler Lokale zu finden. Getrunken wird bei der Lüttje Lage ein extra gebrautes, obergäriges Schankbier zusammen mit einem Korn, und zwar in einem Zug: Dafür hält man die speziellen Gläser so, dass Daumen und Zeigefinger das kleine Bierglas und Mittel- und Ringfinger das Schnapsglas umfassen. Letzteres muss über dem Bierglas liegen, sodass beim Trinken beide Getränke gleichzeitig in den Mund fließen.

Ländertypisches

Wie das Land, so die Bierkultur: Auf einer Weltreise muss man ab und an darauf achten, dass die Gepflogenheiten rund ums Zapfen, Trinken und Anstoßen andere sein können.

Schweden

Wehe dem, der einem Schweden ein Bier mit einer stabilen, schön anzusehenden Schaumkrone zapft! Was in Deutschland ein Muss im Bierglas ist, würde im hohen Norden eine hitzige Diskussion am Tresen entfachen. Und das hat seinen Grund, denn aufgrund der hohen Steuern auf Alkohol darf kein Milliliter Bier im Glas fehlen. Schade um die Schaumkrone, die doch so schön Aromen und Kohlensäure im Bier „deckelt". Aber immerhin bleibt kein Schaum am Bart hängen …

Kambodscha

Ein kühles Bier in den Tropen wirkt extra erfrischend. Und da meinen es Kambodschaner besonders gut mit einem. Insbesondere wenn man in den typischen Bierrestaurants trinkt. Denn hier sorgen die sogenannten Beer Girls für Nachschub der Gäste und kümmern sich ausschließlich um gut gefüllte Gläser mit Bier – und Eiswürfeln. Manchmal gibt es einen Strohhalm dazu! Auf Hochzeiten nicht wundern, wenn unterm hübsch gedeckten Tisch ein Eimer mit Bierdosen steht.

Ungarn

Bier trinken ja, aber bloß nicht damit anstoßen: Das ist in Ungarn überaus verpönt. Und nicht nur das: Es war sogar 150 Jahre lang gesetzlich verboten, sich mit Bier zuzuprosten. Hintergrund ist die niedergeschlagene Ungarische Revolution im Jahre 1848, auf deren Scheitern die Österreicher damals ausgiebig mit – genau – Bier anstießen. Was sie ein Jahr später sogar noch einmal wiederholten, als der österreichische Kaiser Franz Josef I. mehrere ungarische Generäle hinrichten ließ.

Niederlande

Es perlt ins Glas, es schäumt. Und zack – fällt der Schaum dem Barmann zum Opfer. Was der Schwede durch eine ausgeklügelte, waagerechte Bierglasstellung beim Zapfen vermeidet, das fällt in niederländischen Kneipen dem sogenannten Bierschaumabstreifer zum Opfer. Mit dem in Wasser getauchten Schaber aus Kunststoff streift der Barmann einfach das an Schaum weg, was über den Glasrand ragt. Ähnlich rabiat geht der Belgier mit der Schaumkrone um.

Finnland

Saunabaden ist der Finnen liebstes Entspannungs-Ritual, wen wundert es da, dass die etwa 90 Grad unter Freunden und Familien ordentlich zelebriert werden. Dazu gehört nicht nur gegenseitiges Abklopfen mit frischen Birkenzweigen oder vielleicht sogar eine in Alufolie auf dem Saunaofen gebratene Wurst, nein, auch ein kühles Bier darf nicht fehlen. Und das wird als Erfrischung zwischen den einzelnen Saunagängen genossen. Manchmal auch direkt am heißen Ofen.

Thailand

Die Lust auf kreative Biere hat auch Brauer in Südostasien erreicht. In Thailand macht jedoch der Staat kleinen Brauereien das Arbeiten schwer: Nur wer mindestens 10 Millionen Liter Bier pro Jahr braut, darf dies in Thailand tun. Das schaffen nur die ganz Großen. Kleine Craft-Brauer verstauen daher ihre Rezepte und Zutaten und brauen dann außer Landes, z.B. in Kambodscha oder Australien. Das dort gebraute Bier muss dann allerdings beim Import versteuert werden und ist sehr teuer.

Bier und Geselligkeit

Bierselig ist man am liebsten mit anderen zusammen. Kein Wunder, dass man das gemeinsame Biertrinken mancherorts besonders zu zelebrieren weiß.

Biergarten

Eine kühle Maß, Obatzda mit Radi und zünftige Geselligkeit gibt es in Bayern in lauschigen Biergärten – traditionell im Schatten alter Kastanienbäume. Diese wurden von den Brauern ursprünglich als kühlende Schattenspender über Kellern gepflanzt, in denen Bier im Sommer eingelagert wurde. Für die meisten anderen Bundesländer undenkbar: Das Mitbringen von Brotzeiten ist ausdrücklich erlaubt, das hat Tradition und ist in der Bayerischen Biergartenordnung festgeschrieben. Aber das Bier, das lässt man sich am Platz servieren.

Oktoberfest

Wenn alljährlich im September mit dem Einzug der Wirte auf Kutschen das weltweit größte Volksfest auf der Wiesn beginnt, zieht es Millionen Besucher auf die 42 Hektar große Münchner Theresienwiese. Das Bier fließt allerdings erst ab offiziellem Fassanstich durch den Oberbürgermeister und dem Ausruf „O'zapft is!". Dann aber rauscht es in Strömen aus den Fässern in den großen Festzelten. Gebraut wird das Festbier übrigens ausschließlich von heimischen Brauereien und eigens etwas stärker für das Oktoberfest – mindestens 13,5 % Stammwürze sind Pflicht.

Kneipen-Sparclub

Zwei Euro für das Bier, zwei Euro in den Schlitz, zwei Euro für das Bier, zwei Euro in den Schlitz: Manch ein Kneipenbesucher mag sich über Schrankkästen mit durchnummerierten Schlitzen nahe dem Tresen wundern: Diese Relikte, die noch in manchen Eckkneipen hängen, sind heute selten in Gebrauch, erfreuten sich aber in den Sechzigern großer Beliebtheit. Jedes Fach gehört einem Stammgast. Und der spart kleine oder große Beträge, die vom Kneipenbesitzer bis zum jährlichen Auszahlungstag protokolliert und zur Bank gebracht werden.

Stammtisch

Regelmäßiger Männerabend in der Eckkneipe, am gleichen Tisch in gleicher Besetzung – schon hat man einen Stammtisch. Dabei sollte man neben dem Spaß am Umtrunk die soziale Funktion nicht unterschätzen. Mancherorts sind Namensplaketten der einzelnen Stammtischgäste am Tisch montiert. Nicht selten gibt es on top eine Stammtischglocke, deren Läuten eine Tischrunde ankündigt. Nicht zu vergessen das morgendliche Pendant: der Frühschoppen. Das ist die Variante, die auf dem Land nach dem sonntäglichen Kirchgang stattfindet.

Tap Takeover

Gerade in der Craft-Beer-Szene ein gern gesehenes Event: Frei übersetzt heißt Tap Takeover, dass die Schankanlage übernommen wird. Und das ist tatsächlich der Fall. An einem solchen Abend übernimmt eine Brauerei einen oder meistens sogar mehrere Zapfhähne in einer Bar oder einem Bierlokal. Aus den mitgebrachten Fässern fließt dann Bier der (meist kleinen) Gastbrauerei, um diese den Gästen vorzustellen und schmackhaft zu machen. Oft hat man beim Tap Takeover sogar die Chance, den Brauer höchstpersönlich kennenzulernen.

Pub

Gelebte Pub-Kultur, die gibt es in Irland. Und die ist dank spontaner Musiksessions nicht nur besonders lebhaft, sondern folgt auch eigenen Regeln, an die sich auch Neulinge halten sollten: Immer in Runden bestellen, das nennt sich dann „getting your round in". Spätestens wenn man selbst zu einer Runde eingeladen wurde, steht man unter Zugzwang und muss sich revanchieren. Retten kann nur die relativ frühe Sperrstunde. Eine ähnliche Pub-Etikette gilt übrigens in Großbritannien, dort wurde aber die Jahrzehnte geltende Sperrstunde aufgehoben.

So bringt man das Stadionbier durch 90 Minuten

Choreos, Gedrängel und Torjubel halten Fußball-Fans ordentlich auf Trab. Kein Wunder, dass Fans im Stadion kreativ werden, um das Bier durch die 90 Minuten zu bringen. Wir haben dem Millerntor in Hamburg einen Besuch abgestattet.

Die Becherbox

Gezimmert und gesichert ist diese Halterung, und das hat Tradition: Schon vor dem Stadionneubau hatte der Fanclub „Breite Masse" eine ähnliche Halterung an einer Balustrade der Gegengerade montiert, nach Rücksprache mit dem Verein durfte auch auf den neuen Stehplätzen eine Konstruktion Marke Eigenbau dauerhaft befestigt werden. Die hölzerne Box des Fanclubs ist sechs Meter lang und hat Platz für 42 Bierbecher, die nun selbst bei hitzigen Spielszenen in den Aushöhlungen nichts erschüttern kann.

Der Häkelbecher

Zwei links, zwei rechts, und das natürlich in den Farben des Vereins: Wer mittendrin auf den Stehplätzen der FC-St.-Pauli-Fankurven seinen Becher in Sicherheit wissen will, der kann auf diese praktischen, gehäkelten Bierhalter setzen. Um den Hals gehängt, hat man sogar die Hände frei und somit beim Torjubel die volle Bewegungsfreiheit. Die Bierhalterhäkelei wurde tatsächlich in der Fankurve der Gegengerade des Millerntors erfunden, ist echte Handarbeit und kann bestellt werden unter www.bierhalterhaekelei.de

Die Schnursicherung

Auch auf den Sitzplätzen kann es im Stadion des FC St. Pauli heiß hergehen, wenn auf dem Spielfeld alles nach Plan läuft – oder eben gerade nicht. Da weiß man den gefüllten Bierbecher gern in Sicherheit. Glücklich schätzen kann sich hier die Sitzreihe an der Sicherheits-Balustrade, denn dort beobachtet man manch findigen Dauerkarten-Inhaber, der mit einer simplen Kordel den Bierbecher-Henkel mit einer vorgefertigten Schlaufe an der Balustrade befestigt. Hinsetzen, Bier abstellen, Schlaufe drüber, fertig!

Bildvorlage für Bierhalterung: FC St. Pauli

Wo man Bier braut, da lässt sich's gut leben!

Tschechisches Sprichwort

NÜTZLICHES RUND UMS BIER

—

Manchmal bringt Bier schlichtweg in Feierlaune, und die kann einen auch ungeplant überkommen. Dann ist man am besten für alle Notwendigkeiten gerüstet, vor allem wenn man (wie die meisten) gern aus der Flasche trinkt.

Wie man kunstvoll Bierflaschen öffnet

Hier kommen die bewährtesten Handgriffe, um das Bier auch ohne Öffner vom Kronkorken zu befreien. Generell gilt: Kanten suchen!

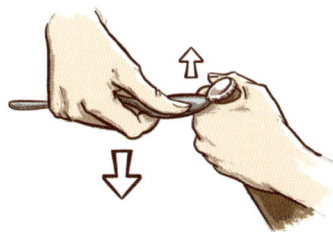

Löffelweise

Ein großer Löffel – je größer, desto einfacher – hat genauso viel Kawumm wie ein klassischer Bieröffner. Dafür einfach die Spitze des Löffels unter den Kronkorken setzen, dabei den Daumen am besten in der Löffelfläche platzieren. Nun mit der anderen Hand den Flaschenhals direkt unterhalb des Verschlusses locker umfassen, sodass der Löffel auf dem Zeigefinger aufliegt. Schon kann man mit der Hebelwirkung den Kronkorken lösen.

Mit einem Feuerzeug

Der Klassiker, aber trotzdem braucht man etwas Geschick und den richtigen Griff. Zunächst den Flaschenhals fest mit einer Hand umgreifen, Zeigefinger und Daumen berühren dabei den Verschluss. Jetzt das Feuerzeug zwischen Zeigefinger und Kronkorken klemmen, am besten knapp unterhalb des zweiten Fingergelenks. Nun das Feuerzeug mit dem Zeigefinger gegen den Verschluss schieben und diesen aufhebeln. Plopp!

Doppeldecker

Auch mit einer zweiten, ungeöffneten Flasche lässt sich helfen. Dafür die zweite Flasche von oben so platzieren, dass mit der Kante dieses Kronkorkens der Kronkorken der unteren Flasche gehebelt werden kann. Dabei beachten, dass der Hebel so gesetzt ist, dass sich nicht der obere Verschluss löst. Wäre überaus schade ums Bier. Profis mit Fingerspitzengefühl können mit dem gelösten Kronkorken und der Hebelwirkung auch die zweite Flasche öffnen.

Auf Kante

Auch eine 1-a-Notlösung, wenn man treffsicher schlagen kann. Dafür benötigt man eine feste Kante wie zum Beispiel eine Tischkante, das Ende der Sitzfläche einer Parkbank oder auch einen Bierkasten. Die Flasche mit einer Hand so an die Kante legen, dass die Kante des Kronkorkens über die Fläche ragt. Die Zacken am besten etwas in den Untergrund drücken, sodass man nicht verrutscht. Jetzt mit Schwung von oben auf den Verschluss schlagen und dabei gut zielen … Plopp!

Mit dem Knie

Ganz ohne Übung klappt es selten, aber hat man den Dreh raus, kann man ordentlich Eindruck schinden! Auch jetzt benötigt man zwei Bierflaschen, die man senkrecht nebeneinanderhält, sodass der Kronkorken der oberen Flasche über den der anderen ragt. Jetzt mit dem Knie zum Schlag ausholen, und zwar gegen den Boden der unteren Flasche. Hat man den richtigen Kniff, beziehungsweise Tritt, raus, schlägt die untere Flasche den Kronkorken der oberen Bierflasche ab.

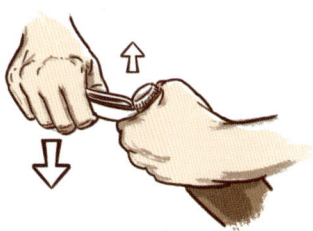

Mit Papier

Eine Notlösung, die sich oft findet, ist Papier. Genau, Papier. Am besten ist es etwas fester und kann so gefaltet werden, dass man einen stabilen Papierwulst hat. Aber es funktioniert auch mit Zeitungspapier, wenn man es mehrfach längs faltet und zuletzt einmal über die Länge knickt. Diesen Papierhebel nun unterhalb des Kronkorkens auf dem Fingerknöchel platzieren und auch hier mit dem Zeigefinger fest gegenandrücken. Und jetzt mit einem Ruck den Kronkorken weghebeln.

Alkoholgehalt im Vergleich

Ein Glas Wein läuft hier dem Bier schon den Rang ab, aber wie steht es eigentlich um Prosecco, Longdrinks & Co.? Frei nach dem Motto „Schlimmer geht immer" werfen wir einen Blick auf den Alkoholgehalt auf der Getränkekarte.

Alkoholgehalt in Volumenprozent

Getränk	Alkoholgehalt
FRANZÖSISCHER CIDRE	~ 2
BIERMIXGETRÄNKE	~ 3
PILSNER	4,5 – 5,5
WEISSWEINSCHORLE	~ 6
BOCKBIER	6,5 – 8
HUGO	~ 11
WEIN	~ 11
PROSECCO	~ 11
APEROL SPRITZ	~ 15
EIERLIKÖR	~ 20
KORN	> 32
RUM	> 37,5
WODKA	~ 40
WHISKEY	> 40

Flaschenkind oder Dosentrinker?
Beliebte Bierverpackungen

Der Klassiker im Getränkehandel ist die Pfandflasche, aber in den letzten Jahren legte auch die Bierdose ihren Prollcharakter ab und erobert Stellfläche im Regal.

Nicht ohne Grund wird die Dose als Verpackung wieder salonfähig, schließlich ist das Aluminium lichtundurchlässig und schützt das Bier somit vor UV-Strahlung und dem damit einhergehenden Lichtgeschmack (mehr dazu im Kapitel „Bier-Fehler"). Bleibt aber trotzdem die schlechte Öko-Bilanz der Getränkedose, da weder Herstellung noch Recycling umweltverträglich sind.

NORD-SÜD-GEFÄLLE

Wer sich als Norddeutscher darüber wundert, dass die Halbliterflasche in Deutschland derartig beliebt ist, dem sei gesagt: Tatsächlich gibt es regionale Unterschiede bei der Bierflaschen-Größe. Während in Norddeutschland die 0,33-Liter-Flasche populär ist, kauft man in Ost- und Süddeutschland lieber die 0,5-Liter-Flasche.

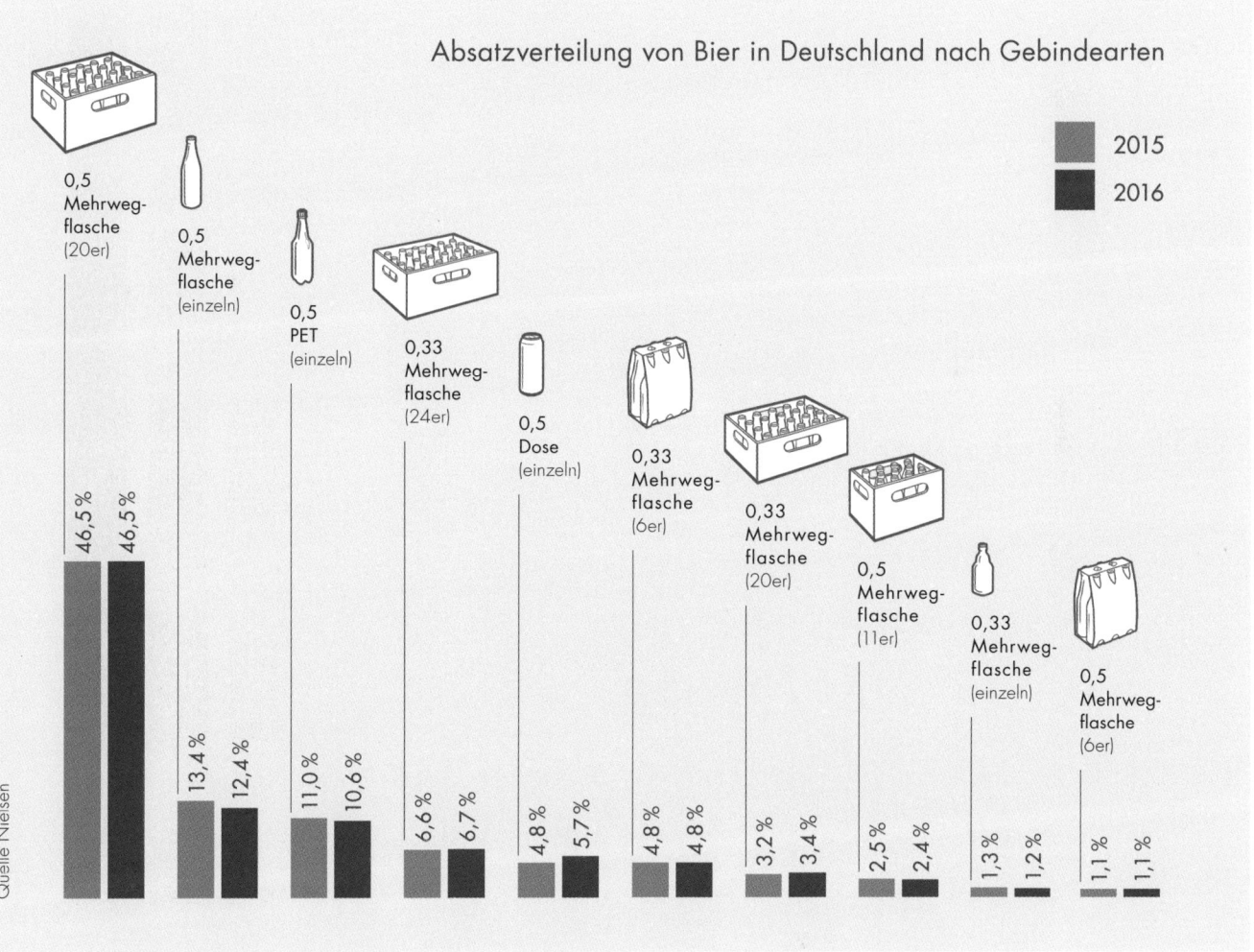

Absatzverteilung von Bier in Deutschland nach Gebindearten

2015
2016

0,5 Mehrwegflasche (20er) — 46,5 % / 46,5 %
0,5 Mehrwegflasche (einzeln) — 13,4 % / 12,4 %
0,5 PET (einzeln) — 11,0 % / 10,6 %
0,33 Mehrwegflasche (24er) — 6,6 % / 6,7 %
0,5 Dose (einzeln) — 4,8 % / 5,7 %
0,33 Mehrwegflasche (6er) — 4,8 % / 4,8 %
0,33 Mehrwegflasche (20er) — 3,2 % / 3,4 %
0,5 Mehrwegflasche (11er) — 2,5 % / 2,4 %
0,33 Mehrwegflasche (einzeln) — 1,3 % / 1,2 %
0,5 Mehrwegflasche (6er) — 1,1 % / 1,1 %

Quelle Nielsen

31

für Bierentdecker

—

Los geht es auf eine Entdeckungsreise der Braukunst:
Mal schauen, was man über die klassischen Zutaten alles
erfahren kann und was Schritt für Schritt in einer Brauerei
passiert. Oder vielleicht sogar zu Hause im Kochtopf ...

DAS STECKT IM BIER

—

Klassisch gebraut wird der Großteil der Biere mit nur vier Zutaten:
Hopfen, Malz, Hefe und Wasser. Umso wichtiger ist daher ein genauer
Blick auf die Zutaten.

PI MAL DAUMEN
GRUNDREZEPT

Um 100 Liter Bier zu brauen,
braucht man diese Zutaten:

130 Liter Wasser
20 Kilogramm Malz
0,5 Liter Hefe
200 Gramm Hopfen

Nur die Dolden der weiblichen Hopfenpflanzen werden zum Bierbrauen verwendet. Je nach Sorte können sie verschieden aussehen, zum Beispiel kugelförmig, eiförmig oder länglich. In der Mitte einer solchen Dolde ist eine Spindel, an der sich die becherförmigen Lupulindrüsen ausbilden. Überdeckt sind sie von zapfenförmig angeordneten Deckblättern. In den Drüsen steckt das gelbgrüne Lupulin, ein mehlartiges, klebriges Pulver, das sehr aromatisch riecht.

HOPFEN-TEST

Um Geschmack und Geruch von Hopfen zu testen, muss man die Lupulindrüsen kaputt machen. Dafür zerreibt der Brauer die getrockneten Blüten zwischen den Fingern.

Hopfen – gibt dem Bier Charakter

Im Mittelalter als aromatischer Geschmacksgeber mit haltbarmachendem Zusatzeffekt entdeckt, ist Hopfen, alias Humulus lupulus, heute beim Bierbrauen kaum noch wegzudenken. Zum Brauen werden ausschließlich die weiblichen Pflanzen genutzt, denn nur sie tragen die lupulinhaltigen Hopfendolden, die beim Brauprozess eingesetzt werden. Damit der Fruchtknoten der weiblichen Pflanze nicht bestäubt wird, sind männliche Pflanzen in Hopfenanbaugebieten verboten. Befruchtet würde die weibliche Pflanze all ihre wertvollen Inhaltsstoffe in die Reifung des Samens stecken. Nicht in die Dolde.

Übrigens: Hopfen gehört zur Familie der Hanfpflanzen und ist ein enger Verwandter vom Cannabis. Und nein, die getrockneten Pflanzen können nicht geraucht werden. Stattdessen landen sie also in der Würze. In den meisten Fällen werden zum Brauen Hopfenpellets verwendet, das sind zu zylindrischen Pellets gepresste Dolden. Die Verwendung ganzer Hopfendolden sieht man in Brauereien nur noch selten. Heiß diskutiert und

umstritten ist das sogenannte Hopfenextrakt, das optisch an dunkelgrüne Schuhcreme erinnert und die preisgünstigste Methode beim Einsatz von Hopfen darstellt.

Es sind die Aromen der ätherischen Öle und die Bitterstoffe der Harze aus den Hopfendolden, die den typischen Geschmack und Geruch mit sich bringen. Guter Hopfen enthält etwa 2.000 Inhaltsstoffe, und die stecken allesamt im Lupulin der weiblichen Dolden. Dank der großen Experimentierfreude der Craft-Brauer wird heute verstärkt auf die Vielfalt der Aromen aus den ätherischen Hopfenölen gesetzt statt auf den Bitteranteil des Hopfens.

LEGALIZE IT!

Die Welt der Hopfengärten – die größten Anbaugebiete

Weinkenner sprechen über Rebsorten, Bierkenner über Hopfensorten. Und dies sind die Länder mit den größten Anbauflächen weltweit, samt beliebten Hopfensorten:

1.
USA

z.B. Cascade, Amarillo, Chinook, Centennial, Simcoe

ECHT BITTER, ODER WAS?

Bitterhopfensorten haben einen hohen Anteil an sogenannten Alphasäuren, sie bringen die sogenannte Bittere ins Bier. Im fertigen Bier können diese gemessen werden. Man spricht dann von Bittereinheiten oder IBUs, International Bitter Units. Steckt im Hopfen ein sehr hoher Anteil an Bittersäuren, spricht man von Hochalpha-Sorten. Ist hingegen der Anteil an ätherischen Hopfenölen hoch, sind dies Aromahopfensorten.

7.
ENGLAND
....

z.B. Whitbread Golding,
Brewer's Gold, Fuggle

2.
DEUTSCHLAND
....

z.B. Perle, Hallertauer Mittelfrüh,
Tettnanger, Spalter, Herkules,
Mandarina Bavaria

6.
POLEN
....

z.B. Lublin, Magnat,
Marynka

4.
CHINA
....

z.B. Tsingtao Flower,
Marco Polo

3.
TSCHECHIEN
....

z.B. Saazer, Sládek,
Rubin

10.
FRANKREICH
....

z.B. Strisselspalt,
Triskel, Aramis

8.
AUSTRALIEN
....

z.B. Galaxy, Summer,
Topaz

9.
SPANIEN
....

z.B. Nugget,
Columbus

5.
SLOWENIEN
....

z.B. Aurora,
Styrian Gold

Hopfensorten

Unterschieden wird grob zwischen Bitter- und Aromahopfen, je nachdem was stärker ausgeprägt ist. Bei den Aroma-Neuzüchtungen spricht man von Flavourhopfen: Die haben ein Extra an Aroma intus. Mal himbeerig, mal kräuterig – hier eine Auswahl der über 200 Sorten mit Bitterwert und Geschmacksprofil.

Hopfensorte	Alpha-säuren	Bitter / Aroma	Aromen			
Amarillo	8–11 %	Aroma (Flavour-hopfen)	Grapefruit	Schwarztee	Melone	Aprikose
Aurora	7–9 %	Aroma	Zitrus	Zitronengras	Anis	
Brewer's Gold	4,5–6,5 %	Bitter & Aroma	Zitrone	Johannisbeere	Melisse	Gewürze
Cascade	4,5–7 %	Aroma (Flavour-hopfen)	Erdbeere	Zitrus	Sahnebonbon	Brombeere
Centennial	9,5–11,5 %	Aroma	Zitrus	blumig	Kamillentee	Anis
Chinook	12–14 %	Bitter	Basilikum	Holunder	rote Beeren	Litschi
Fuggle	3–5,6 %	Aroma	Wermut	Curry	Heu	Grüner Tee
Hallertauer Taurus	12–17 %	Bitter	Curry	Bitterschokolade	reife Banane	Wermut
Herkules	12–17 %	Bitter	Orange	Melisse	Zitrone	Pfeffer

Name	%	Typ				
Magnat	ca. 13,3 %	Bitter	Zitronenmelisse	Wald	Tannennadeln	
Mandarina Bavaria	7–10 %	Aroma (Flavour-hopfen)	Ananas	Zitrone	s Johannisbeere	Stachelbeere
Mittelfrüh	3–5,5 %	Aroma	Lakritz	Anis	Zitrus	Brombeere
Nugget	11,5–14 %	Bitter	Zitrone	Ingwer	Ananas	Litschi
Perle	4–9 %	Aroma	Stroh	Aprikose	Zitrus	Honig
Saphir	2–4,5 %	Aroma	Erdbeere	Schwarzer Tee	Zitronengras	Wacholder
Spalter	3–6,5 %	Aroma	Tee	reife Bananen	Tonkabohnen	Waldmeister
Strisselspalt	1,8–2,5 %	Aroma	s Johannisbeere	Grapefruit	Zitronengras	Zitrus
Tettnanger	2,5–5,5 %	Aroma	Schwarzer Tee	Schokolade	Lebkuchen	blumig
Topaz	15,5–18 %	Bitter	würzig	Brombeere	Grapefruit	Maracuja
Whitbread Golding	5,4–7,7 %	Aroma	Feige	Banane	Lakritz	Aprikose

Hopfenernte

Bis zu 30 Zentimeter am Tag kann die mehrjährige Kletterpflanze wachsen. Mitte August geht es dann los im Hopfengarten: Es wird geerntet. Davor wünscht sich der Hopfen neben warmen Sonnentagen und kühlen Nächten übrigens ordentlich viel Regen!

① Aufleiten

Im Frühjahr werden in Handarbeit die drei stärksten Triebe der einzelnen Hopfenpflanzen im Uhrzeigersinn um spezielle Drähte gewickelt, die an hohen Rankgerüsten befestigt und im Boden fest verankert sind. Der Hopfen wächst dann entlang dieser Rankdrähte bis zu sieben Meter in die Höhe. Wenn alles glatt läuft, haben die Pflanzen etwa Ende Juni ihre Wuchshöhe erreicht.

② Hopfenernte

Ist der Hopfen im Spätsommer reif, das heißt, sind die Dolden mit den wichtigen Inhaltsstoffen vollständig ausgebildet, werden die Ranken mit dem Erntetraktor eingeholt. Dabei werden die Hopfenpflanzen im unteren Viertel abgeschnitten und fallen über eine Förderkette auf den Ladewagen. In Windeseile geht es dann für die Weiterverarbeitung zurück in den Betrieb.

③ Pflücken

Jetzt kommen hopfenduftintensive Arbeitsschritte: Die Hopfenstöcke werden am Pflanzenende eingehängt und in die Pflückmaschine gezogen. Dort werden erst Dolden und Blätter von der Rebe abgestreift, dann die Dolden von den Blättern getrennt. Pflanzenreste werden gehäckselt und als Dünger auf den Feldern eingesetzt.

④ Trocknen

Nun muss es schnell gehen, denn wegen des hohen Wassergehalts des Hopfens müssen die Dolden umgehend nach der Ernte getrocknet werden. Geschieht das nicht, fault der Hopfen und ist unbrauchbar. Das Trocknen auf einen Wassergehalt von maximal 10 Prozent passiert in der Darre bei etwa 62 bis 65 Grad Celsius und dauert ungefähr vier bis sechs Stunden.

⑤ Lagern

In den meisten Fällen werden die getrockneten Dolden anschließend zerkleinert, zu Pellets gepresst oder zu Hopfenextrakt verarbeitet. Ganze Dolden werden nur selten gelagert, da die Nachfrage schlichtweg geringer ist. Auf jeden Fall gilt: Kühl, luftdicht und dunkel lagern, damit die begehrten Aromen nicht verloren gehen.

ÜBRIGENS

Die mehrjährige Kletterpflanze kann bis zu 20 Jahre alt werden.

Malz – Farbpalette des Bieres

Kommen wir zum Malz, das dem Bier nicht nur Süße und Körper verleiht, sondern auch gern als Farbpalette der Brauer bezeichnet wird. Denn es gilt:

J e dunkler das Malz, desto dunkler das Bier. Malz ist durch das sogenannte Mälzen kontrolliert gekeimtes und getrocknetes Getreide. Grundsätzlich kann aus allen Getreidesorten Malz hergestellt werden. Die meisten Biere haben helles Malz als Grundlage, wichtigstes Getreide ist dabei die Gerste, bei Weizenbieren halt auch der Weizen. Dieser sorgt unter anderem für die stabile Schaumkrone. Aber auch andere Getreidesorten wie Roggen, Hafer oder (in anderen Ländern) sogar Reis können vermalzt und zum Brauen verwendet werden, sie verleihen entweder würzige oder milde Aromen. In den allermeisten Fällen enthält die Schüttung einen Anteil Gerstenmalz, und zwar aus der zweizeiligen Sommergerste. Und das nicht ohne Grund, denn die Spelzen des Gerstenkorns dienen beim Läutern der Maische als eine Art natürliches Filterpapier zum Trennen der Würze vom Treber.

BELIEBTE MALZSORTEN

1. Pilsner Malz: Hellste Malzsorte, die bei etwa 80°C gedarrt wird. Wie der Name schon vermuten lässt, ist Pilsner Malz die Zutat heller Lagerbiere.

2. Wiener Malz: Bei einer Darrtemperatur von 85°C entstehen leichte Karamellnoten und die Bernsteinfarbe dieser Malzsorte. Gebraut wird damit zum Beispiel Märzen.

3. Münchner Malz: Das bei etwa 100°C gedarrte Basismalz betont das Malzaroma und den Farbton dunkler Lagerbiere.

4. Pale-Ale-Malz: Perfekt für eine helle Goldfarbe ist dieses Gerstenmalz, mit dem Ales, das ist klar, aber auch Stouts und Porter gebraut werden können.

5. Röstmalz: Wird nach dem Darren bei hohen Temperaturen geröstet. Es schenkt Bier dunkle Farbnuancen und Röstaromen, zum Beispiel von Schokolade oder Kaffee.

6. Melanoidinmalz: Wird durch eine höhere Keimkastentemperatur hergestellt und sorgt beim Bier für Rottöne.

7. Rauchmalz: Räuchern nach dem Darren verleiht dem Bier Raucharoma.

SCHÜTTUNG

Das ist die Mischung von Malzsorten, die der Brauer für eine Rezeptur wählt. Je nach Mix und dem Anteil einzelner Sorten kann er so Farbe, Aroma und Geschmack des Bieres bestimmen.

Aus Getreide wird Malz

In voller Reife geerntet, wird das Getreide weiterverarbeitet. Das dauert rund sieben Tage und geschieht in einer Mälzerei. Grob gesagt, wird beim Mälzen der Keimprozess des Korns im Boden imitiert. Dabei bilden sich unter anderem Enzyme, die Stärke in Malzzucker umwandeln, den man später bei der Gärung für das Bier benötigt.

Das läuft in einer Mälzerei ab:

1 Weichen

Zunächst wird das Getreide gereinigt und sortiert, ehe es in die Weiche kommt. Hier wird es bis zu drei Tage eingeweicht und abwechselnd mit Wasser und Luft durchmischt. Ab jetzt wird dem Korn durch Feuchtigkeit und Wärme suggeriert: Es ist Frühling! Ich bin auf die Erde gefallen und möchte wachsen.

2 Keimen

Nächste Station: Keimkasten. Hier darf das Korn etwa fünf Tage keimen und im Korninneren ordentlich Enzyme bilden, die Stärke in Zucker umwandeln. Diese Zwischenstufe nennt man Grünmalz.

3 Darren

Am letzten Tag wird gedarrt, um Feuchtigkeit aus dem Grünmalz zu bekommen, die Keimung zu stoppen und Enzyme zu deaktivieren. Alles auf Stand-by! Die abschließende Abdarrtemperatur entscheidet dabei über Geschmack und Farbe. Grob gesagt, ergeben 80 oder 100 Grad helles oder dunkles Malz.

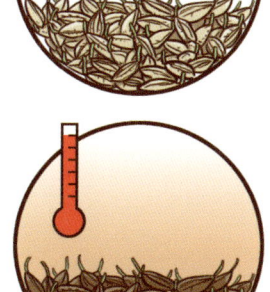

4 Entkeimen

In diesem Bearbeitungsschritt wird das fertige Braumalz von den Keimen befreit. Erst dann geht es in die großen Malzsilos zum Lagern.

SO ENTSTEHT ALKOHOL!

Nicht nur Weinkenner wissen: Bei Wein ist es der im Most enthaltene Fruchtzucker, der durch Hefe zu Alkohol vergoren wird. Beim Bier wiederum ist es die Stärke, die in Malzzucker umgewandelt wird, um dann schließlich mithilfe der Hefe die Gärung in Gang bringen zu können.

Die fleißige Hefe

Ohne Hefe keine Gärung, ohne Gärung kein Bier! Grund genug, uns genauer mit dieser wichtigen Zutat zu befassen, denn Hefe kann nicht nur Zucker in Alkohol umwandeln, sondern auch für geballte Aromanoten sorgen.

Wie man heute weiß, ist Hefe ein einzelliger Mikroorganismus, der sich durch Sprossung vermehrt. Mit dem bloßen Auge ist er nicht zu erkennen. Kein Wunder, denn eine Hefezelle ist nur etwa fünf bis zehn Mikrometer klein, also kleiner als 0,01 Millimeter.

Bis zur Entdeckung der Mikroskoptechnik stellte die Verwandlung von Würze zu Bier durch den Gärprozess irgendwas zwischen Zauberkunst und wundersamem Zufall dar. Wilde Hefen aus der Luft, wie sie fast überall vorkommen, setzten (oftmals) die Gärung in Gang, während die Brauer rätselten, warum ein Sud zu Bier wurde und der nächste Versuch dann aber missglückte. Erst Ende des 19. Jahrhunderts wurde das Phänomen wissenschaftlich erforscht und erklärt: Die Mikroorganismen wandeln den Malzzucker in Alkohol und Kohlensäure um.

Grundsätzlich gibt es zwei Arten Hefestämme: Hefe, die ein Sprossen-Geflecht bildet und durch die Gärgase, die

sogenannte Kohlensäure, aufsteigt. Das ist die obergärige Hefe. Und es gibt Hefen, die kein Geflecht bilden und auf den Boden sinken: die untergärige Hefe.

Forscher gehen von Hunderttausenden Hefearten aus, die es in der Natur gibt. Zum Brauen werden derzeit etwa 200 Bierhefestämme, allesamt Reinzuchthefen, verwendet. Diese werden in Hefebanken gelagert, vermehrt und zur Verfügung gestellt.

Dazu kommen, zum Beispiel in Belgien, wilde Hefen, einige davon werden kultiviert, viele existieren aber auch in der Brauerei – im Dachgebälk oder in der Luft.

Aber jede wieder- oder neu entdeckte Bierhefe mit ihren ganz eigenen Aromen führt zu mehr Biervielfalt. Bringt eine Hefe fruchtige Aromen mit sich, bilden andere zum Beispiel champagnerartige Nuancen aus, denn während der Gärung entstehen flüchtige und nicht flüchtige Gärungsnebenprodukte, die dem Bier zusätzlich Aroma und Geschmack verleihen. Und das gilt insbesondere für die obergärige Hefe, der zum Beispiel das Weizenbier Aromen von Banane und Gewürznelke verdankt. Dahinter stecken übrigens die chemischen Verbindungen Ester und Phenole. Hunderte verschiedene solche Gärungsnebenprodukte kann man entdecken.

Aber alle Hefearten haben eins gemein: Sie sind echte Diven und wollen nicht gestresst werden. Nicht gut gefüttert, falsche Temperaturen, Hektik – schon ist die Hefe beleidigt und kann sich als Totalverweigerin entpuppen!

ÜBRIGENS

Hefe kann nur bis zu einer natürlichen Grenze den Malzzucker in Alkohol umwandeln. Bis etwa 15 Volumenprozent sind mitunter machbar, dann ist Schluss. Wer einen höheren Alkoholgehalt erzielen möchte, muss mit der Eisbock-Methode durch Kälte destillieren.

Das Brauwasser

90–95 Prozent Wasser machen ein Bier aus. Somit ist es ungeschlagener Hauptbestandteil. Wen wundert es da, dass Qualität, Härte und Beschaffenheit einen nicht unerheblichen Einfluss auf den Geschmack haben.

Trinkwasserqualität ist absolutes Muss, es gilt sogar eine noch härtere Regel: Brauwasser ist immer Trinkwasser, Trinkwasser aber nicht immer Brauwasser. Auch die chemische Zusammensetzung des Wassers, der Gehalt von Mineralstoffen und Spurenelementen wie Calcium, Eisen, Kalium, Magnesium, Natrium und Chlorid spielt eine Rolle. Je mehr von diesen Elementen im Wasser enthalten sind, umso härter ist es. Solch ein Wasser mit hohem Härtegrad bildet oft die Basis für dunkle Bierstile. Andersherum gilt: Je heller und hopfiger ein Bier ist, desto weicher muss das Wasser sein. Gerade Bierstile wie Pils und IPA setzen sehr weiches Brauwasser voraus, denn hartes Wasser macht Biere nicht nur dunkler, sondern auch die Bittere kratzig. Die feine Hopfenbittere kann nur mit weichem Wasser entstehen. Es lohnt sich also für Hobbybrauer, mal einen genauen Blick auf die Zusammensetzung des Leitungswassers zu werfen.

Historisch betrachtet, kann man sagen, dass die Entwicklung der vielen verschiedenen Bierstile immer durch das in der jeweiligen Region verfügbare Quellwasser mitgeprägt wurde. Bodenbeschaffenheit und die Gesteinsschicht, aus der das Wasser kam, haben den Bierstil sozusagen mitgeformt. Das berühmteste Beispiel ist das Pils: Das sehr mineralstoffarme und somit auch weiche Quellwasser rund um die Stadt Pilsen war Grundvoraussetzung für die Entstehung des hellen, hopfenbetonten Bierstils.

Heute können Brauereien ihr Wasser aufbereiten und ihr Bier positiv beeinflußen. Trotzdem freut sich der Brauer der Hamburger Brauerei Blockbräu über das weiche Wasser, das regulär nur am Wochenanfang aus der Nordheide, einer Gegend südlich der Hansestadt, gefördert wird und durch die Leitungen kommt. Nur dann kann er sein feines Pils brauen.

Bevorzugter Härtegrad der Bierstile

weich — hart

PILS   KÖLSCH   LAGER   PALE ALE   ALT   STOUT   WEIZEN (dunkel)

Wenn du einen Freund hast, dann gib ihm ein Bier aus. Wenn du ihn wirklich liebst, dann lehre ihn das Brauen.

Persische Weisheit

SCHRITT FÜR SCHRITT
So braut man Bier

—

Wer einmal bei einer Brauereiführung dabei war oder selbst Bier gebraut hat, der weiß um die einzelnen Schritte der komplizierten Braukunst. Bier durchläuft sogar mehr Zubereitungsschritte als Wein. Ehe man von einem fertigen Bier sprechen kann, muss es zunächst durch verschiedene Bottiche und Maschinen.

Brauereibesuch

Einmaischen, gären, filtrieren – schon mal gehört? Ein Blick hinter die Kulissen einer Brauerei zeigt, wie aus Wasser, Malz, Hopfen und Hefe Bier wird.

① Schroten

Los geht es mit dem Schroten des Malzes, um den Mehlkörper des Korns zu zermalmen.

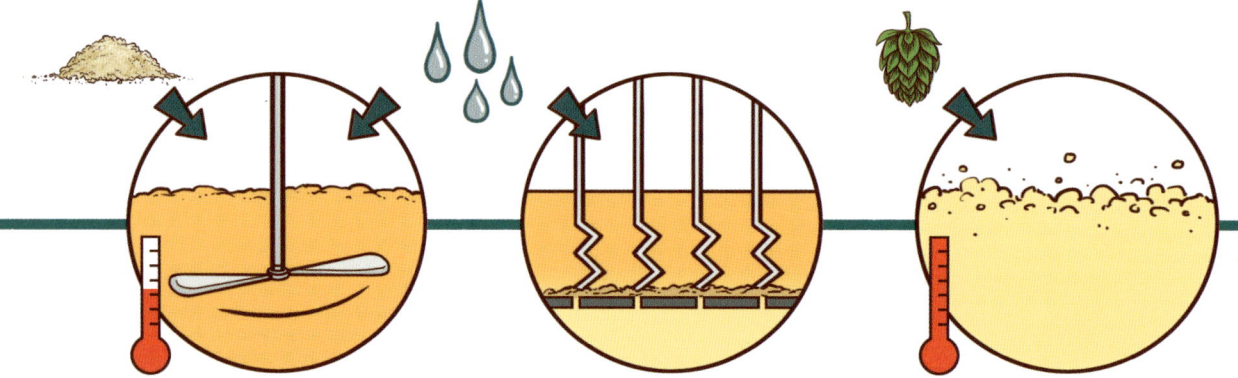

② Maischen

Je nach Schüttung entscheidet sich hier, ob ein Bier hell oder dunkel wird. Im Maischbottich wird das Malz mit Wasser vermischt. Es entsteht die sogenannte Maische, die langsam erhitzt wird. Ein Grad mehr oder weniger beim Maischen beeinflusst nicht nur den Geschmack und die Süße des Bieres, sondern auch die Schaumstabilität und den Körper. Die Enzyme, die beim Darren gestoppt wurden, werden bei ihrer Wohlfühl-Temperatur wieder aktiviert, damit sie die Malzstärke in Zucker umwandeln.

③ Läutern

Wenn die Verzuckerung abgeschlossen ist, werden im Läuterbottich flüssige und feste Bestandteile getrennt. Der Boden des Läuterbottichs ist ein Sieb, auf dem sich die Spelzen, die Hüllen des Gerstenkorns, absetzen. Durch diese Filterschicht, den sogenannten Treber, fließt die Würze, also die nun geklärte Flüssigkeit, in die Würzepfanne. Zusätzlich wird an dieser Stelle mehrmals Wasser dazugegeben, um den Malzzucker rauszuspülen.

④ Würzekochen

In der Würzepfanne wird die geklärte Würze etwa eine Stunde gekocht, damit das Wasser bis zum gewünschten Stammwürzegehalt verdampft. Der kann übrigens nun nachgemessen werden. Die Würze ist zugleich sterilisiert. Zu Beginn der Kochphase wird Hopfen hinzugegeben – die erste Hopfengabe.

‰

Hier wird die Stammwürze final eingestellt

⑧ Lagerung

Aus dem Gärtank wird das Bier in den Reifetank gepumpt. Diesen Vorgang nennt man auch Schlauchen. Und ja, jetzt ist von Bier die Rede, nicht mehr von Würze. Je nach Biertyp lagert es bis zu 6 Monate bei etwa 5 bis -1 Grad Celsius. Eventuell findet nun eine weitere Hopfengabe statt, dann spricht man von der sogenannten Kalthopfung.

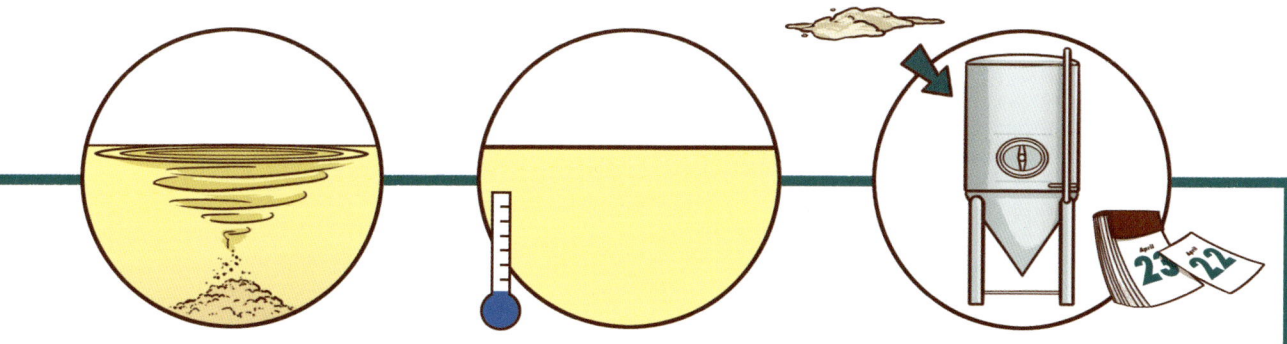

⑤ Klärung

Ab geht es in den Whirlpool! Und der hat nichts mit Entspannung zu tun, stattdessen wird die Würze hier durch eine schnelle Drehbewegung geschleudert, um verbliebene Trübstoffe wie Eiweißverbindungen und Hopfentrub zu entfernen. Sie setzen sich in einem Kegel als Sediment ab. Die Würze ist geklärt.

⑥ Kühlung

Nun wird die Würze auf die sogenannte Anstelltemperatur runtergekühlt, das ist die Temperatur, die Hefe braucht, um Zucker umzuwandeln. Bei untergärigen Bieren liegt diese zwischen 6 und 12 Grad Celsius, bei obergärigen Bieren ist es weitaus wärmer, und zwar zwischen 16 und 24 Grad Celsius.

⑦ Gärung

Im offenen Gärbottich oder geschlossenen Gärtank kommen die Prozente ins Spiel: Durch Beigabe der Hefe, das sogenannte Anstellen, wird der Malzzucker in Alkohol und auch Kohlensäure umgewandelt. Diese Phase entspricht der Hauptgärung und dauert im Schnitt eine Woche lang.

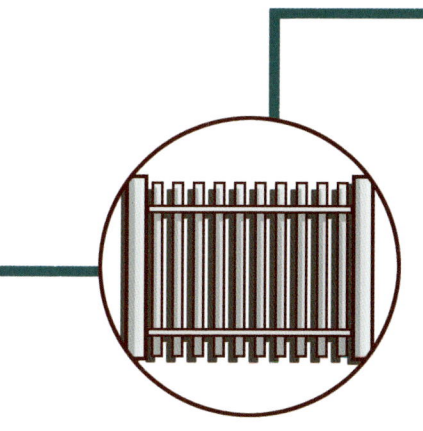

⑨ Filtrieren

Seit es Bier nicht mehr aus Tonkrügen, sondern aus Gläsern gibt, werden Bierstile wie Pilsner oder Kristallweizen gern filtriert. Das sieht nicht nur gut aus, sondern hat auch einen deutlichen Vorteil: Filtrierte Biere sind haltbarer.

⑩ Abfüllung

Zu guter Letzt: Das fertige Bier darf abgefüllt werden – in Flaschen, Dosen und Fässer.

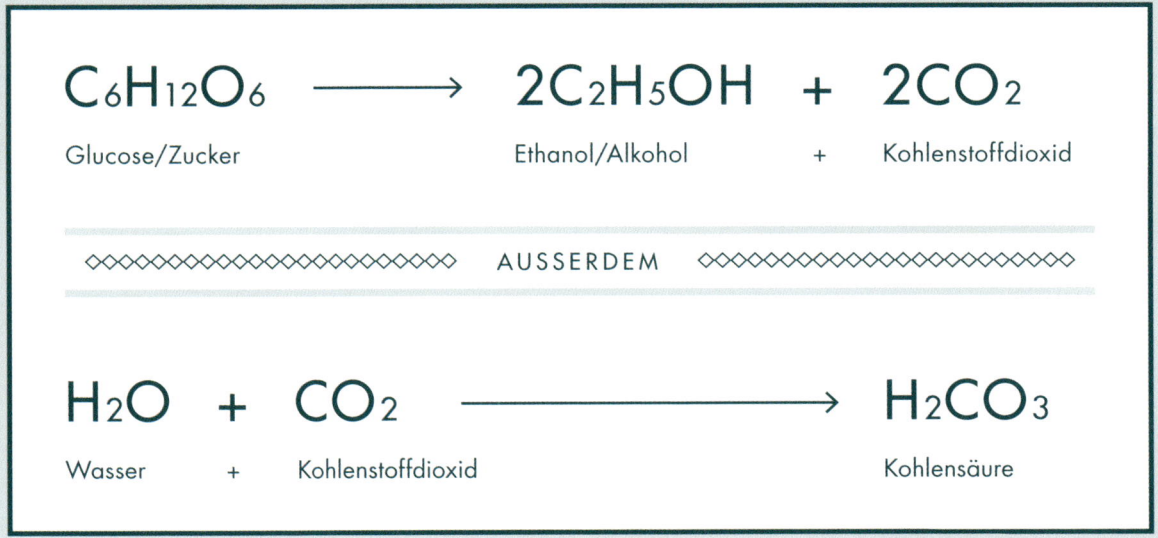

$$C_6H_{12}O_6 \longrightarrow 2C_2H_5OH + 2CO_2$$

Glucose/Zucker — Ethanol/Alkohol + Kohlenstoffdioxid

AUSSERDEM

$$H_2O + CO_2 \longrightarrow H_2CO_3$$

Wasser + Kohlenstoffdioxid — Kohlensäure

Gärung – was passiert denn da nun?

Den Alkohol im Bier verdanken wir also dem Gärungsprozess. Aber was geht denn nun in der Würze genau vor? Hier eine einfache Erklärung und zwei chemische Formeln.

Winzig kleine Hefezellen wandeln also den Malzzucker in Alkohol und Kohlensäure um. Okay. Kaum der Würze hinzugefügt, macht die Hefe aber zuallererst eins: Sie vermehrt sich emsig durch Sprossung. Dafür braucht sie Sauerstoff. Rund zwölf Stunden Zeit nimmt sie sich für die Vermehrung, ehe sie mit der eigentlichen (und vom Brauer ersehnten) Arbeit anfängt.

Dann geht es los. Vereinfacht gesagt, futtern die Hefezellen den Malzzucker und scheiden dann Alkohol und Kohlenstoffdioxid aus. Chemisch erklärt, spaltet die Hefe unter Sauerstoffabschluss in einer mehrstufigen biochemischen Reaktion den Zucker auf, um Energie für ihren eigenen Stoffwechsel zu gewinnen. Die aufgespaltenen Moleküle werden dann zu Ethanol, dem Alkohol, und zu Kohlendioxid. Letzteres bildet zusammen mit einem Molekül H_2O die Kohlensäure.

Durch die Kohlensäure steigen kleine Bläschen mit Bitterstoffen aus der Würze an die Oberfläche. Was man sieht, ist eine dicke Schaumschicht – mal weiß, mal bräunlich – auf der Würze beziehungsweise jetzt auf dem Jungbier. Das ist die sogenannte Kräusen, die bei einer offenen Gärung abgeschöpft wird.

Die Kunst der Hopfengabe

Um mit der Bittere und den Aromen des Hopfens spielen zu können, kombiniert der Brauer verschiedene Hopfensorten durch einzelne Hopfengaben während des Brauprozesses.

Die einzelnen Hopfensorten, die jeweilige Menge und die Zeitpunkte der Hopfengaben im Brauprozess bestimmen über den Geschmack des fertigen Bieres. Angefangen wird mit einer ersten Hopfengabe zu Beginn des Würzekochens. Sie sorgt für die typische Bittere im Bier. Denn während die Alphasäure in dieser Phase wasserlöslich wird und die Bitterstoffe eingebunden werden, verflüchtigen sich die Hopfenaromen aus den Ölen. Andersherum gilt für die späteren Hopfengaben, dass die Ausbeute an Bitterstoffen sehr viel geringer ausfällt, während die vielen Aromen nun verbleiben.

Wird der Hopfen erst am Ende des Kochvorgangs oder im kalten Lagertank dazugegeben, werden die Aromen nicht der Hitze ausgesetzt und bleiben in ihrer Vielfalt erhalten. In der Regel sind es drei Hopfengaben, die über den gesamten Brauprozess verteilt werden. Dabei wird mit Bitterhopfensorten begonnen und mit Aromahopfensorten abgeschlossen.

Kleines Zwischenfazit: Man kann wirklich von der Kunst der Hopfengabe sprechen, ohne dabei zu übertreiben.

Kalthopfung

Gerade bei Craft-Beer-Brauern ist die Hopfengabe im Lagertank besonders beliebt. Bei der wiederentdeckten Methode der Kalthopfung, auch Hopfenstopfen genannt, bleiben die Aromen schonend erhalten. Wendet man hier Bitterhopfen an, kann auch dieser seine Aromen entfalten. Kalt gehopfte Biere sind enorm aromareich, und das sozusagen mit Nachklang.

Hopfenkanone

Bei der Kalthopfung kann eine sogenannte Hopfenkanone angewendet werden. Röhren werden am Lagertank angeschlossen und mit Aromahopfen gefüllt, sodass das Bier bis zu drei Stunden über den Hopfen zirkulieren kann. Durch diese Methode werden die Hopfenöle schonend und mit großer Effizienz ins Bier gebracht, Infektionen des Biers werden vermieden.

Grünhopfung

Sogenannte Grünhopfenbiere können nur in den Monaten August und September gebraut werden, denn in ihnen steckt der erntefrische Hopfen; im Englischen nennt man das Verfahren wet hopping. Direkt vom Feld wird der noch feuchte Hopfen verbraut und verleiht dem Bier seine geballte Aromavielfalt. Aber: Bis zum Würzekochen muss das zack, zack gehen, sonst müffelt's.

Die Lagerung

Nach der Hauptgärung im Gärkeller spricht man vom Jungbier. Das landet nicht direkt im Handel, sondern wird von den Brauereien erst mal in großen Tanks im kühlen Lagerkeller gelagert. Und das geschieht nicht ohne Grund.

E he abgefüllt wird, findet die Nachgärung statt. Diese zählt übrigens zum Produktionsprozess eines jeden Bieres dazu! Sie kann je nach Bierstil von ein paar Wochen bis zu mehreren Monaten dauern. Je stärker das Bier, desto länger behält der Brauer es im Lagerkeller. In dieser Zeit reift das Bier zu seinem typischen Geschmack und wird erst so richtig harmonisch. Außerdem wird in der Nachgärung die Kohlensäure in das Bier eingebunden, die wir später beim Trinken als spritzig beschreiben. Es soll schließlich ordentlich perlen …

Wird das Bier zu kurz gelagert, kann es enttäuschend schmecken oder im schlimmsten Fall ungenießbar sein, weil zum Beispiel Fuselalkohole, also minderwertige Alkohole, die Kopfschmerzen verursachen können, oder Fehlaromen noch nicht abgebaut sind. Das nennt man dann Bierfehler. Mehr zu diesen ungewünschten Makeln im Kapitel Biertester.

Um mal eine Vorstellung von einer ungefähren Mindestlagerdauer zu bekommen: Ein Pils wird in der Regel vier bis acht Wochen gelagert, ein Bockbier mindestens sieben Wochen und ein Imperial Stout gern zwischen drei und sechs Monaten.

BARREL AGED

Eine Besonderheit sind Biere, die nach dem abgeschlossenen Produktionsprozess, also nach der Lagerzeit im Lagerkeller der Brauerei, zusätzlich noch über viele Monate eingelagert werden. Und zwar in Holzfässern, in denen zuvor Wein, Rum, Cognac oder Whisky gelagert wurde. Das fertige Bier nimmt dabei spannende Aromen aus dem Holz der Fässer und natürlich auch aus der Vorbelegung mit den jeweiligen Spirituosen auf.

DIY-BRAUEN
Bier aus der eigenen Küche

—

Frei nach dem Motto „Bier wird's immer", kann man mit dem richtigen Equipment und etwas Geduld ein paar Flaschen hauseigenes Bier brauen.

Brautag *(etwa 5 Stunden)*

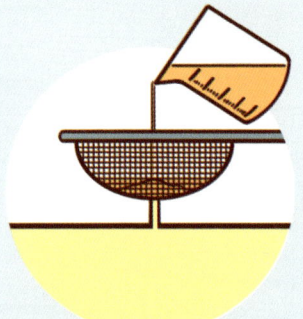

① Maischen

Im ersten Brauschritt wird das Wasser in einem großen Kochtopf auf etwa fünf Grad über der im Rezept vorgegebenen Einmaischtemperatur erhitzt und das geschrotete Malz unter Rühren hinzugegeben. Das Thermometer ist nun der beste Freund, denn eine Stunde lang muss eine bestimmte Temperaturspanne eingehalten werden, damit die Stärke in Malzzucker umgewandelt wird. Umrühren dabei nicht vergessen! Am Ende wird die Temperatur zum Abmaischen noch einmal erhöht.

② Läutern

Nun werden Malz und Würze getrennt. Dazu den zweiten Topf in der Spüle abstellen, das Sieb darüberhängen. Das Malz mit einem Kochlöffel abschöpfen und ins Sieb geben. Dies ist der Treber, der als Filter für die Würze dient. Die Flüssigkeit mit dem Messbecher langsam darübergeben, um den Zucker aus dem Malzschrot zu spülen. Ist die Flüssigkeit durch, wird das Sieb über den ersten Topf gehängt und alles wiederholt, um auch die Restsüße aus dem Malz zu waschen.

③ Würzekochen

Nun geht es zurück an den Herd, denn die Würze muss gekocht werden. Dazu die Flüssigkeit etwa eine Stunde lang kochen und die Temperatur dabei möglichst konstant halten. Jetzt ist es so weit. Je nach Braurezept wird nun der Hopfen oder zumindest eine erste Hopfengabe hinzugefügt. Dies ist auch die Phase, in der die Würze sterilisiert wird. Das heißt, dass ab jetzt wirklich alles pingelig sterilisiert sein muss, was mit der Würze (und später dem Bier) in Berührung kommt.

Aus Sud wird Würze wird Bier: So braut man zu Hause

Das braucht man:

Hopfen, Malz & Hefe
Gärbehälter mit Gärspund, Abfüllhahn oder Schlauch
Thermometer
2 große Kochtöpfe
Messbecher
Großes Küchensieb
Kochlöffel
Trichter
Außerdem: Zucker, leere Flaschen

BRAU-TIPP:

Wer als Brauanfänger hineinschnuppern will, der kann sich ein Brau-Paket seines Lieblings-Bierstils bestellen, das Zutaten und das notwendige Equipment enthält. Zum Beispiel unter www.besserbrauer.de

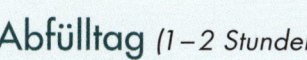

Abfülltag *(1–2 Stunden)*

④ Gären

Der Brautag ist fast geschafft! Die Würze nun herunterkühlen, indem man den Topf in ein Eiswürfelbad stellt und in der Würze rührt. Sobald sie Zimmertemperatur hat, füllt man sie durch den Trichter in das Gärgefäß. Jetzt ist der Sud am empfindlichsten, daher unbedingt sauber und steril arbeiten. Die Hefe dazugeben, kurz schütteln und dann mit Gärstopfen samt Spund verschließen. Schön dunkel etwa eine Woche lagern, je nach Hefe dabei auf die richtige Temperatur achten.

⑤ Abfüllen

Zuallererst gründlich die Flaschen sterilisieren! Für die Nachgärung kann etwas Zucker in jede Flasche gegeben werden, damit das Bier später ordentlich Kohlensäure hat. Jetzt das Bier mithilfe des Trichters durch den Hahn oder Schlauch in die Flaschen abfüllen. Auf keinen Fall bis zum Rand befüllen, da die Kohlensäure etwas Platz benötigt. Apropos: Mir sind während der Flaschengärung 4 Flaschen zerborsten, da sich zu viel Druck aufgebaut hatte. Bei Flaschen mit Bügelverschluss daher an den ersten Tagen immer mal wieder etwas Druck ablassen. Die Flaschen aufrecht mindestens zwei Wochen bei Wohlfühltemperatur (ist es obergärig oder untergärig?) lagern. Fertig ist das erste Selbstgebraute.

TIPP

Zwei weitere helfende Hände sind hier Gold wert, sonst kann mitunter viel Bier danebenfließen.

Wie man den Geschmack eines Bieres beim Brauen steuern kann

Jede Zutat, jeder Herstellungsschritt beim Brauen ist wie eine winzige Stellschraube, mit der man das Bier verändern kann. Dabei können schon kleine Abweichungen den späteren Geschmack beeinflussen.

Stellschrauben, mit denen ein Brauer spielen kann

- Beim Brauwasser: z.B. Härtegrad, Calcium- und Magnesiumgehalt

- Beim Malz: z.B. Menge, Getreideart und die Anbauregion, Schüttung, Prozess des Darrens, Maischvorgang, Temperatur

- Beim Hopfen: z.B. Sorte und Anbaugebiet des Hopfens, Auswahl verschiedener Sorten, Gesamtmenge, Anzahl der Hopfengaben, Zeitpunkte und Temperatur

- Bei der Hefe: z.B. Hefestamm, Gärprozess

- Außerdem: z.B. Sudverfahren, Lagerung

Hopfen im Garten anbauen

Wenn man schon selbst braut, warum dann nicht auch den Hopfen selbst anbauen? Die Kletterpflanze hat ein paar Vorlieben, ist ansonsten aber recht pflegeleicht.

Ein sonniger Standort im Garten mit mindestens sechs Stunden direkter Sonneneinstrahlung, stickstoffreicher Boden und jede Menge Platz nach oben sind beste Voraussetzungen. Wer keinen Garten hat, kann Hopfen auch als Kübelpflanze auf der Terrasse ziehen. In diesem Fall aber unbedingt Staunässe vermeiden, nasse Füße mag Hopfen ganz und gar nicht.

Als Kletterpflanze braucht er außerdem ein Rankgitter, an dem er fleißig in die Höhe wachsen kann. Gezogen wird Hopfen aus Wurzelstöcken, die nach dem letzten Frost im Frühjahr gepflanzt werden. Für jeden Wurzelstock einen kleinen Erdhaufen machen und ihn waagerecht zehn Zentimeter tief setzen.

Etwa im Mai können die kräftigen Triebe im Uhrzeigersinn um das Rankgitter gelegt werden. Am Anfang muss man da etwas nachhelfen beim Wachsen, später rankt der Hopfen ganz allein im Uhrzeigersinn. Und damit er das fleißig macht, entfernt man am besten Blätter im unteren Bereich der Ranke. Außerdem wichtig: Immer schön gießen, aber nicht zu feucht halten.

Im Spätsommer ist es dann so weit, die Dolden können geerntet werden. Ob sie reif sind, erkennt man, wenn man eine Dolde öffnet und sich in ihr das gelbe Lupulinpulver gebildet hat. Beim Ernten müssen sie vorsichtig abgedreht werden. Nach der Ernte müssen die Hopfendolden sofort getrocknet und dann luftdicht verpackt werden.

ZIEL

TIPP

Wurzelstöcke und Jungpflanzen kann man zum Beispiel online bei www.hopfenpflanzen.de bestellen.

für
Biergenießer

—

Der Wandel der Bierkultur macht dem Wein
seinen Platz auf dem Esstisch streitig. Grund genug,
mal zu schauen, wie man denn die vielen
verschiedenen Stile überhaupt serviert.

GELAGERT
Bevor das Bier auf den Tisch kommt

—

Die Buddeln aus dem Kühlschrank nehmen, öffnen und aaaaaaaah – das funktioniert hervorragend mit einem klassischen Feierabendbier. Aber manch ein Bierstil hätte es gern anders.

Lagern

Grundsätzlich gilt: Dunkel muss es sein. Im Küchenregal oder in der Kiste in der Ecke stehend, hat das Bier keine guten Karten. Tageslicht mitsamt UV-Strahlen ist einer der größten Feinde des Bieres – der sogenannte Lichtgeschmack (siehe Seite 142) kann bereits nach kurzer Zeit eintreten. Außerdem verändert Licht auch das Aussehen eines Bieres, es kann sich mitunter verfärben oder sich eintrüben.

Die Lagertemperatur sollte nicht zu warm sein, und auch große Temperaturschwankungen sollten möglichst vermieden werden. Ideal ist eine Lagertemperatur zwischen vier und acht Grad Celsius, ein Kühlschrank ist daher die beste Alternative, aber auch eine dunkle, kühle Speisekammer eignet sich. Auf jeden Fall sollten die Bierflaschen stehend gelagert werden, da beim Liegen das Metall des Kronkorkens mit der Flüssigkeit reagieren und oxidieren kann. Außerdem sind die Verschlüsse nicht immer hundertprozentig dicht, zumindest ist das bei Bierflaschen nicht der Fall.

BEIM LAGERN ALSO BEACHTEN:

—

- dunkel lagern
- Lagertemperatur 4–8 °C
- keine großen Temperaturschwankungen
- Flaschen stehend aufbewahren

Mindesthaltbarkeitsdatum

Es empfiehlt sich immer ein Blick auf das Mindesthaltbarkeitsdatum, das bei vielen Bierstilen keine unerhebliche Rolle spielt. Grundsätzlich gilt: Bier ist ein Frischeprodukt. Es wird zwar nicht schlecht im Sinne von gesundheitsgefährdend, aber es verliert (in den meisten Fällen) mit der Zeit an Geschmack und verändert sich. Zwar hat Hopfen eine antibakterielle, stabilisierende Wirkung, beim Altern verliert er aber seine Aromastoffe und auch seine charakteristische Bittere. Und dann schmeckt das Bier nicht mehr so, wie der Brauer sein Bier ursprünglich entwickelt hat.

Hopfenbetonte Biere wie zum Beispiel ein IPA sollten daher so schnell wie möglich verzehrt werden, das Gleiche gilt für leichte, unfiltrierte Biere. Drei bis sechs Monate sind hier als Mindesthaltbarkeit vorgesehen. Ganz anders ist es bei alkoholstarken, dunklen und malzbetonten Bieren, sie können tatsächlich reifen und ihren Geschmack intensivieren, vorausgesetzt, man hält sich an die Lagerempfehlungen. Man spricht dann von sogenannten „Aged-" oder „Vintage"-Bieren, deren Geschmacksprofile sich erst durch eine lange Einlagerung entwickeln – sie werden, so sagt man, milder, runder, weicher. Gerade Biere ab sechs Volumenprozent Alkohol, zum Beispiel ein Doppelbock oder ein Stout, können über das Mindesthaltbarkeitsdatum hinaus noch im Geschmack reifen. Manchmal findet man sogar einen Verweis auf dem Flaschenetikett, dass sich ein Bier für eine solche Überlagerung eignet, teilweise spricht man sogar von Jahrzehnten.

Ein belgisches Gueuze-Bier hat übrigens laut Mindesthaltbarkeitsdatum per se eine mehrjährige Haltbarkeit, da die Säure im Bier konservierend wirkt.

SERVIERT
So kommt das Bier auf den Tisch

—

Will man das Bier stilecht genießen oder sogar zu einem Essen servieren, sollte man die jeweils richtige Trinktemperatur im Blick haben und auch bei der Gläser-Auswahl dem Bierstil gerecht werden.

TRINKTEMPERATUR

Von 4 bis 13 Grad Celsius: Jeder Bierstil hat so seine Wohlfühltemperatur, zumindest wenn er richtig gut schmecken soll und seine Aromen nicht durch eine zu kalte Trinktemperatur auf der Strecke bleiben sollen.

Doppelbock
9 °C

Rauchbier
11 °C

Barley Wine
10–13 °C

Schwarzbier
7–8 °C

Helles
5–7 °C

IPA
8–10 °C

Berliner Weiße
8–10 °C

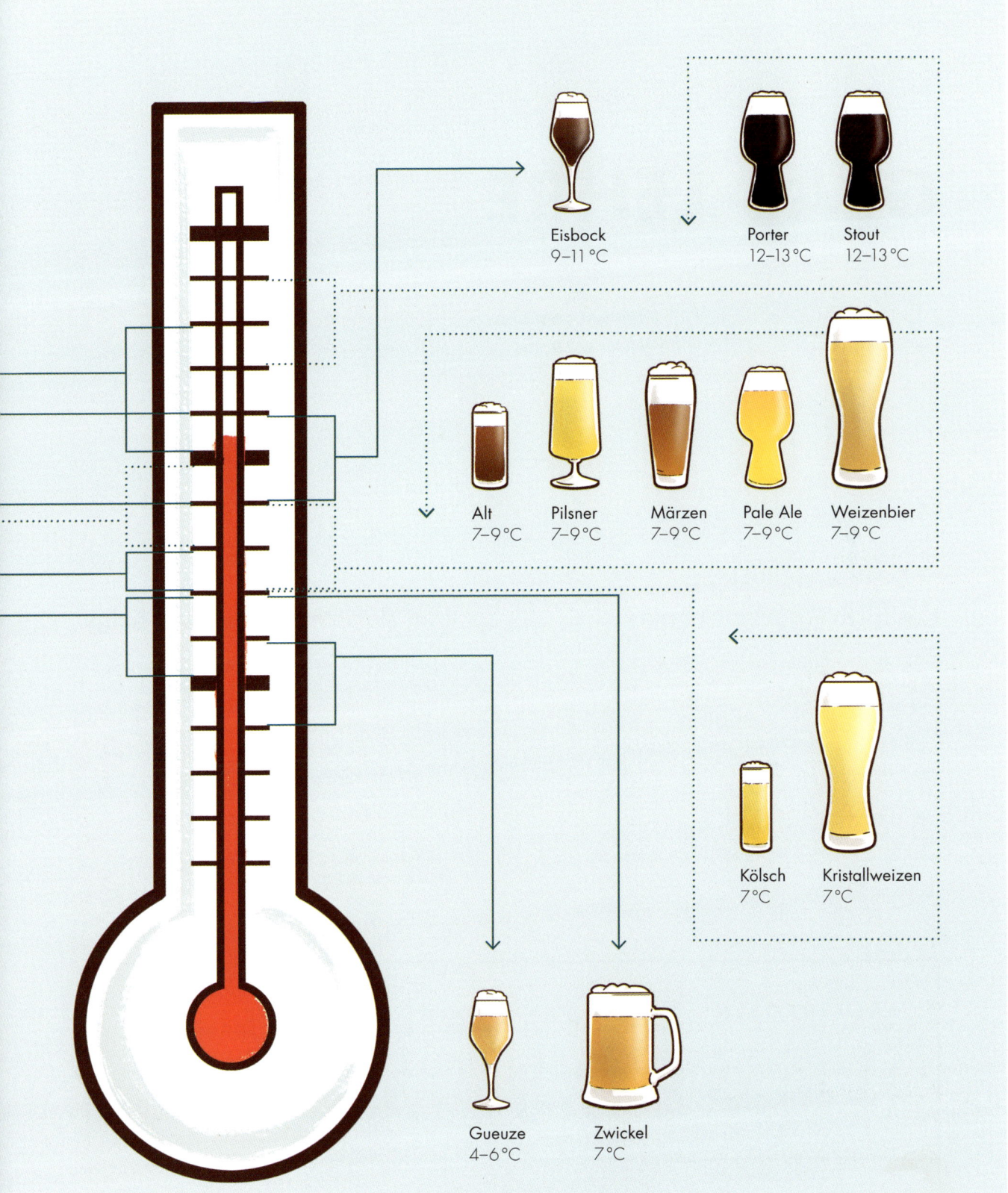

Eisbock
9–11 °C

Porter
12–13 °C

Stout
12–13 °C

Alt
7–9 °C

Pilsner
7–9 °C

Märzen
7–9 °C

Pale Ale
7–9 °C

Weizenbier
7–9 °C

Kölsch
7 °C

Kristallweizen
7 °C

Gueuze
4–6 °C

Zwickel
7 °C

GLAS-LEHRE

—

Glasform, Material und Beschaffenheit beeinflussen den Geschmack des Bieres und sorgen für eine entsprechende Schaumkrone, daher sollte man das Bier unbedingt im richtigen Glas servieren.

Kelch, Krug oder Schale?

Dabei lassen sich grundsätzlich zwei Arten unterscheiden: das untergärige und das obergärige Bier. Für untergärige Biere mit weniger Kohlensäure eignen sich Gläser, die sich nach oben hin verjüngen und so das Aroma konzentrieren. Obergärige Biere hingegen haben einen hohen Kohlensäuregehalt und entfalten ihren Geschmack am besten in Gläsern mit weiter Öffnung.

Und noch etwas: Dickwandige Gläser sind nicht nur perfekt zum schwungvollen Anstoßen, sie passen auch gut zu rustikalen Bieren.

So kam der Deckel auf den Krug

In Gaststätten und auch Privathaushalten begegnet man noch rustikalen Krügen mit ebenso imposantem Zinndeckel. Diese Trinkgefäße haben eine interessante Historie. Die schweren Krüge sind ein Relikt aus dem 14. Jahrhundert, als nicht nur die Pest, sondern auch eine Mückenplage in Europa grassierte. Ein Erlass legte damals fest, dass Essens- und Getränkebehälter abgedeckt werden mussten. Heute dient der Deckel eher als praktischer Schutz vor herabfallendem Laub und Insekten unter den Kastanien in Biergärten. Oder eben als Sammelobjekt und Hingucker auf dem heimischen Kaminsims.

FAUSTREGELN:

1. Je heller das Bier, desto schlanker das Glas.
2. Je dunkler das Bier, desto dicker das Glas.
3. Je feiner das Bier, desto feiner das Glas.
4. Je aromatischer das Bier, desto kugeliger das Glas.
5. Je intensiver das Bier, desto kleiner das Glas.
6. Je mehr Hefe im Bier, desto schlanker das Glas.

Stange
Pils & Lager

Schale
Berliner Weiße

Pokal
Lager & Pils

Stoutglas
Stout, Porter

Kölschstange
Kölsch

Glaskrug
Bock, Helles & Dunkles

Kelch
Trappistenbiere,
Gueuze,
Schwarzbier

Pintglas
Bitter, Stout, IPA

Willybecher
Bock, Märzen
& Dunkles

Schwenker
Dunkles

Flöte
Leichte Edelbiere

Steinkrug
Bock, Helles &
Dunkles

Weißbierglas
Weizenbiere

Tulpe
Pils

Stiefel
Jegliche Biersorten
bei Trinkspiel

Becher
Altbier

Maßkrug
Bock, Helles &
Dunkles

EINGESCHENKT
So kommt das Bier ins Glas
—

Dass ein gutes Pils sieben Minuten braucht, ist längst als Irrglaube widerlegt. Trotzdem muss man beim Einschenken aller Bierstile Fingerspitzengefühl beweisen – vor allen Dingen beim Weizenbier.

So gelingt's mit Fassbieren

Ehe es an den Zapfhahn geht, muss das saubere Glas mit frischem, kaltem Wasser ausgespült werden. Dann das Glas schräg unter den Hahn halten, das Getränk am Glasrand hineinlaufen lassen und zu zwei Drittel füllen, bis die Schaumkrone den Glasrand erreicht hat. Auf keinen Fall den Zapfhahn in Bier oder Schaum tauchen – das ist ein hygienischer Voll-Fauxpas, der das Frischgezapfte mit Millionen Keimen versieht.

Jetzt das Glas abstellen und das Bier kurz ruhen lassen, so hält sich der Schaum besser. Nun senkrecht nachzapfen und das Glas mit der typischen Schaumkrone füllen.

<u>Was man nicht mehr macht:</u>

Sieben Minuten an einem perfekten Bier zapfen. Diese Bierweisheit ist dank moderner Zapfanlagen überholt und würde nun lediglich auf Kosten eines frischen, kühlen, perlenden Bieres gehen. Ganz zu schweigen von der gerade bei deutschen Biertrinkern so beliebten Blume aus Schaum. Die wäre nicht halb so gelungen.

HEUTE GILT

Zwei bis drei Minuten und das Bier ist fertig gezapft!

So gelingt's mit dem Weizenbier

Kunstvoll geschwenkt und gedreht, so findet das Weizenbier seinen Weg aus der Flasche ins Glas. Und das nicht ohne Grund, schließlich gehört die Hefe samt Aroma bei diesem Bierstil mit ins Glas, und die muss durch kräftiges Schwenken gelöst werden.

Dafür erst das Glas schräg halten und langsam zwei Drittel füllen. Dann die Flasche zwischen den Handflächen reiben oder schwenken und anschließend bis auf einen kleinen Rest leeren. Für eine perfekte Schaumkrone das restliche Bier einfüllen, indem die Flasche senkrecht gehalten wird.

Von dem Trick, den Flaschenhals in die Schaumkrone zu stecken, um das Überschwappen zu vermeiden, raten wir aus hygienischen Gründen ab. Besser: Das Glas vor dem Einschenken mit kaltem Wasser spülen und nicht abtrocknen.

o

ZAPFSÜNDEN

-   in ein trockenes Glas zapfen
-   Bier aus halb vollen Gläsern zusammenschütten
-   Glas mit Tuch ausreiben: Fusselalarm
-   „Nachtwächter" ausschenken, also das erste Bier, das am Tag aus dem Zapfhahn kommt.

APROPOS SCHAUM
So kommt er ins Bier

—

Die Schaumbildung ist ein natürlicher Prozess, den wir der Kohlensäure zu verdanken haben. Sie entsteht durch das Gären, wenn die Hefe den in der Bierwürze enthaltenen Malzzucker in Alkohol umwandelt.

Wird die Flasche oder das Fass geöffnet und das Bier ins Glas gefüllt, entweicht der Druck, und unzählige kleine Gasbläschen steigen an die Oberfläche und reißen dabei Eiweißstoffe des Bieres mit. Erst dann entsteht der charakteristische Bierschaum.

Wie kleine Luftballons werden dabei die Gasbläschen von den Eiweißstoffen, Hefe und Hopfenrückständen umhüllt, die eine elastische Haut bilden. An der Oberfläche des Bieres setzen sich diese Mini-Ballons ab und bilden die Schaumkrone, die auch verhindert, dass die Kohlensäure zu schnell aus dem Bier entweicht. Und nicht nur das: Die Schaumkrone ist auch ein schützender Aromadeckel! Bei aus Weizenmalz hergestelltem Bier ist die Schaumhaltbarkeit übrigens beständiger als beim Brauen mit ausschließlich Gerstenmalz.

Wie das Bier sonst noch ins Glas gezapft wird

Spruz, Seidel und Leckbier klingen ein wenig nach Biereis am Stiel, sind aber tatsächlich mehr oder weniger frisch gezapfte Biere.

Als letzte Runde ein Spruz

Wer in Süddeutschland, vor allem in Franken oder der Oberpfalz einen Spruz oder einen Schnitt bestellt, der bekommt ein senkrecht gezapftes Bier. Und das schäumt – und zwar bis zum Glasrand! Hat sich der Schaum dann gelegt, ist das Glas etwa zur Hälfte mit Bier gefüllt. Das kostet entsprechend auch nur halb so viel wie ein ganzes Bier, sollte aber auch nur als abschließendes Getränk nach mindestens ein, zwei Runden bestellt werden. Das zumindest sagt das ungeschriebene Gesetz. Frei nach dem Motto: „Eins geht noch, aber bitte nur ein Halbes!" Übrigens: Zapft der Wirt in Bayern oder Österreich ein Seidel, entspricht dies der Maßeinheit eines Bierkrugs oder Glases. Je nach Region ist das dann mit 0,3 oder 0,5 Liter Bier gefüllt.

SCHAUM-REGELN:

- Zu kühles Bier entwickelt nicht die typische Schaumkrone.
- Zu warmes Bier schäumt gern über.
- Durch Spülmittelreste im Glas entstehen große Schaumblasen, die schnell wieder zerfallen.
- Je größer der „Aufprall" im Glas, umso stärker die Schaumbildung, daher das Bier schräg einschenken.

Leckbier – preisgünstig danebengezapft

Auch eine Möglichkeit, Bier ins Glas zu bekommen: Bier, das beim Zapfen überschäumt oder gar abgestrichen wird, landet größtenteils in der mit einem Gitter versehenen Wanne unterhalb des Zapfhahnes. Und dieses Bier heißt Leckbier. Früher wurde es zu einem günstigen Preis an Gäste ausgeschenkt, die sich ein Frischgezapftes nicht leisten konnten. Oder es wurde sogar als nährstoffreiches Flüssigfutter an Schweinebauern für ihre Tiere verkauft. Heute werden keine Bierreste mehr ausgeschenkt, stattdessen steht der Ausdruck Leckbier für minderwertiges oder schales, abgestandenes Bier.

AUFGETISCHT
Bier & Essen in der richtigen Kombination

—

Bier hat eine spannende kulinarische Seite. Sie fängt an bei landestypischen Snacks, die zum Bier gereicht werden können, und gipfelt im sogenannten Food-Beer-Pairing. Welches Bier passt zu welchem Gericht?

Landestypisches zum Bier

Der deutsche, zumindest bayrische Klassiker ist die Salzbrezel.
In anderen Ländern wird durchaus Deftigeres serviert.

Italien

Der Aperitivo hat in Italien Tradition, und das bereits seit dem 19. Jahrhundert: Man trifft sich nach der Arbeit mit Freunden und lässt den Tag ausklingen. Gern auch mit Bier. Und darauf haben sich vor allem in Norditalien die Osterias eingerichtet und bereiten abends ein Snack-Buffet, das sogenannte Apericena, mit kleinen Snacks wie Pizza al taglio (Mini-Pizzen), Tramezzini (kleinen Sandwiches) und hartgekochten Eiern zu. Aber auch in traditionellen Bierbars kann es gut sein, dass zum Bier kleine Schälchen mit Oliven und knusprigen Crostinis gereicht werden.

Tschechien

Die uralte Biertradition Tschechiens spiegelt sich in einer Vielfalt an Snacks wieder, die klassisch zum Bier gereicht werden. Daher unbedingt zum böhmischen Pils probieren! Press- oder Blutwurst mit Zwiebeln und Essig oder in Fett gebackenes Brot mit geriebenem Knoblauch sind nur einige der tschechischen „Tapas". Und bitte nicht wundern, wenn der Tischnachbar Ertrunkene bestellt: „Utopenci" sind sauer eingelegte Würste, gefüllt mit Essiggurken und allerlei Gewürzen. Ganz und gar ungefährlich, aber dafür umso köstlicher!

Holland

Was den Italienern ihr Aperitivo ist, ist den Niederländern ihr Borrel, also ein informeller Umtrunk unter Freunden und Kollegen. Und auch dazu gehören typische Snacks, die zum Bier gereicht werden. Diese heißen übrigens wohlklingend Borrelhapjes und sind oftmals heiß und fettig, also frittiert. Nicht fehlen dürfen beim Borrel zum Beispiel Bitterballen (frittierte Fleischkroketten), Kaastengels (Käse im Blätterteig frittiert) und Vlammetjes (Hackfleisch in Blätterteig). Auch gern als Bier-Snack im Angebot: hausgemachte Pommes frites.

Spanien

Tapas symbolisieren die kulinarische Gesellichkeit in Spanien und dürfen natürlich auch beim Biertrinken nicht fehlen. Die kleinen Appetithappen werden manchmal kostenlos zum Getränk gereicht. Dabei zeigt sich das Fingerfood immens vielfältig, es reicht von Chorizo, einer würzigen Paprikawurst, über Kroketten mit Schinken- oder Käse-Füllung bis hin zu Garnelenspießen in Knoblauchöl.

Litauen

In dem kleinen baltischen Land an der Ostsee gibt es eine lange Brautradition und somit auch typische Snacks zum Bier. Kepta Duona zum Beispiel sind salzige, in der Pfanne geröstete Knoblauchbrotstreifen. Was man in den urigen Kellerkneipen Litauens außerdem zum Bier knabbert: rųkytos ausis. Diese geräucherten Schweineohren sind eine beliebte Spezialität.

USA

Im Eldorado der Biere gibt es, abgesehen von einer Schale mit Erdnüssen, keine typischen Bier-Snacks. Aber einen deutschen Klassiker lassen sich die Amerikaner doch nicht nehmen: Die Laugenbrezel erfreut sich in der USA großer Beliebtheit. In Form von Pretzel Bites, also diptauglichen Brezel-Stücken, bestellt man sie zusammen mit einem reichhaltigen Käse-Dip zum Bier.

Denn eine Kanne Bier – das ist ein Königstrank.

William Shakespeare

Das richtige Bier zur richtigen Speise

Aromenvielfalt, geschmacklich von bitter bis sauer, von leicht bis stark: Das sind beste Voraussetzungen für ein Miteinander mit Speisen. Und das nicht erst seit der Renaissance vieler Bierstile. Immer öfter werden begleitende Biere zu einem Drei-Gänge-Menü serviert. Dabei gibt es Richtlinien, die wie beim Wein bei der Reihenfolge helfen.

Für die Reihenfolge beim mehrgängigen Menü gilt:

- Gestartet wird mit dem leichtesten Bier, dann steigern sich Alkoholstärke und Schwere bis zum letzten Gang.

- Von prickelnd bis still: Die Karbonisierung nimmt parallel zu den Gängen ab.

- Man kombiniert erst mit hellen Bieren, dann darf es immer dunkler werden.

- Entsprechend werden zuerst hopfige Biere serviert, dann wird es malzig.

- Begonnen wird mit trockenen Bieren, dann darf es immer süßer und vollmundiger werden.

Beer-Food-Pairing

Beim gelungenen Kombinieren von Bier und Speisen, auf Englisch Beer-and-Food-Pairing, spielen Intensität, Zutaten und Aromen eine große Rolle.

Ins Gleichgewicht bringen

Generell gilt: Ein Bier muss den Geschmack des Gerichtes unterstützen – und umgekehrt. Aber Achtung: Beide sollten nicht versuchen, sich gegenseitig zu übertünchen. Zu schlanken Gerichten passen daher am besten leichte Biere. Umgekehrt bedeutet das: Kräftige Gerichte fordern ein mindestens so durchsetzungsfähiges, komplexes Bier. Es darf zum Beispiel ordentlich Malzsüße haben, vollmundig sein oder mehr Alkohol enthalten.

Harmonie – egal wie

Bei der Kombination kann man Gleiches mit Gleichem verbinden oder Kontraste betonen. Setzt man auf ähnliche Aromen in Bier und Speise, lässt sich ein nussiges Brown Ale ausgezeichnet mit einem knackigen Salat mit Walnüssen kombinieren. Ein Witbier, das mit Orangenschalen gebraut wird, trinkt man begleitend zum Obstsalat.

Möchte man mit geschmacklichen Kontrasten spielen, kann man zum Beispiel ein leicht salziges Muschelgericht mit einem kräftigen, malzig-süßen Stout oder Porter kombinieren. Eine Kombi, die übrigens schon seit Jahrhunderten in Londoner Pubs serviert wird. Was auch möglich ist: Hopfenbittere kann die Schärfe stark gewürzter Gerichte mildern oder fette Speisen leichter verdaulich machen.

KOMBI-EMPFEHLUNGEN

Pilsner
HERB, BITTER

Salat, Geflügel

Weizenbier (helles)
FRUCHTIG, LEICHT SÄUERLICH

Sushi, Fisch

IPA
INTENSIV HOPFIG

Curry, süßes Dessert

Schwarzbier
VOLLMUNDIG, MALZBETONT

Steak, Wild

Alt
SPRITZIG, HERB

Eintopf, Fisch gebraten

Pale Ale
FRUCHTIG, LEICHT BITTER

Burger, Geflügelgerichte

Witbier
WEINARTIG, FRUCHTIG

Schalentiere, Obstsalat

Stout
MALZIG SÜSS, VOLLMUNDIG

Rindfleisch, Schokoladenmousse

Porter
MALZIG SÜSS MIT RÖSTNOTE

Rindfleisch, Gegrilltes

Märzen
MALZIG-SÜSS

Schwein, mexikanisches Essen

Bockbier
KRÄFTIG, MALZIG

Wild, schokoladige Desserts

Kölsch
SÜFFIG, LEICHT FRUCHTIG

Braten, Eintopf

Käse und Bier – das rat ich dir

Die meisten haben beim Käseteller eher einen Rotwein im Kopf, aber auch – oder vielleicht gerade – mit begleitendem Bier kann man den Geschmack der einzelnen Käsesorten herauskitzeln und unterstreichen.

Kombiniert wird auch hier ähnliche Intensität: Ein milder Käse passt zu leichten Bieren, ein intensiv-aromatischer Käse zu einem kräftigen Bier. Bei den Haupt-Aromen von Bier und Käse ergänzen sich entweder sich wiederfindende Aromen (siehe Rauchbier und Räucherkäse) oder im Kontrast zueinander stehende Aromen (salziger Käse und malziges, süßes Bier).

TIPP

Den Käse immer bei Zimmertemperatur servieren, damit er seinen vollen Geschmack entfaltet.

KOMBI-EMPFEHLUNGEN

Pilsner

HERB, BITTER

pikanter Rotkulturkäse wie Romadur

Bockbier

KRÄFTIG, MALZIG

aromatischer Weißschimmelkäse wie Brie

Weizenbier

PRICKELND, FRUCHTIG

cremiger Ziegenkäse

Stout

VOLLMUNDIG, MALZIG

intensiver Blauschimmelkäse oder würziger, alter Gouda

Rauchbier

MARKANT RAUCHIG

Räucherkäse mit kräftigem Raucharoma

Märzen

MALZIG, SÜFFIG

milder Schnittkäse wie Gouda oder Tilsiter

Pale Ale

FRUCHTIG, HERB

aromatischer Weißschimmelkäse wie Brie oder Camembert

Alt

SPRITZIG, HERB

milder Schafskäse

Brown Ale

MALZIG, KARAMELLIG

salziger Schafskäse oder milder Cheddar

Lambic

KOMPLEX, TROCKEN

frischer Ziegenkäse

IPA

INTENSIV HOPFIG

intensiver Blauschimmelkäse oder Ziegenfrischkäse

Kölsch

SPRITZIG, SÜFFIG

cremiger, milder Butterkäse

REZEPTE MIT BIER

~~~~

Wer sagt denn, dass Bier immer ins Glas gehört? Egal ob Fisch, Fleisch oder Frucht: Das Bieraroma verleiht auch herzhaften und süßen Gerichten einen intensiven Charakter.

Kabeljau in Weizenbier-Honig-Soße

→ für 4 Personen

Zutaten

1.000 g Kabeljaufilet
1 Zwiebel, halbiert
1 Knoblauchzehe, geschält
1 Flasche Weizenbier (0,3l)
3 Lorbeerblätter
1 EL Estragon
Salz und Pfeffer

~~~

Für die Soße:

Etwa 60 g Butter
Sud vom gegarten Fisch
Saft einer halben Zitrone
1 Zwiebel, halbiert
1 Knoblauchzehe, geschält
4 EL Honig
100 ml Sahne
Salz und Pfeffer
Evtl. etwas Chili

Zubereitung

Die Kabeljaufilets waschen, salzen, pfeffern und mit einer gewürfelten Zwiebel und einer Knoblauchzehe in ein Gefäß geben, das für den Backofen geeignet ist. Das Weizenbier vorsichtig angießen, die Lorbeerblätter und den Estragon dazugeben und alles ohne Deckel circa 25 bis 30 Minuten im vorgeheizten Backofen bei 120 Grad Umluft garen.

Den Fisch, sobald er gar ist, vorsichtig aus dem Bier-Sud nehmen und warm stellen. Am besten gut abdecken, damit er schön saftig bleibt.

Für die Soße eine Zwiebel und eine Knoblauchzehe sehr fein hacken und in der Butter anschwitzen. Jetzt mit dem durchgesiebten Fond ablöschen und einkochen, damit eine Bindung entsteht.

Den Saft einer halben Zitrone und den Honig zugeben und alles noch mal mit Salz und Pfeffer abschmecken. Dann die Sahne unterrühren. Wenn man etwas zu viel Salz genommen hat, kann man das einfach mit etwas mehr Sahne korrigieren. Wer es gerne scharf mag, kann noch Chiliflocken zugeben.

Wrap mit Pulled Pork in Bier

→ für 4 Personen

Zubereitung

Die Schweineschulter mit Senf einreiben, mit Bier übergießen, Thymian und Oregano dazugeben. Das Ganze abgedeckt mindestens 24 Stunden kalt stellen.

Die Schweineschulter in eine ofenfeste Form geben und mit Alufolie luftdicht abdecken, damit keine Kruste beim Garen entsteht und die Schulter keinerlei Farbe bekommt. So lässt sie sich anschließend leichter mit zwei Gabeln zupfen. Eine drei viertel Tasse Biersud zugeben.

Die Schweineschulter dann bei 110 Grad für 6 Stunden in den Ofen schieben.

Das Fleisch mit zwei Gabeln fein auseinanderzupfen und anschließend etwas von dem Biersud und den Kräutern in die Masse geben und vermengen. Mit Salz und Pfeffer abschmecken.

Zubereitung des Krautsalats

Den Strunk vom Weißkohlkopf entfernen, die Kohlblätter in dünne Streifen schneiden oder hobeln. 150 ml Essig, 1 Zwiebel mit 1 EL Senf und 2 gehäufte EL Zucker, Salz und Pfeffer aufkochen und mit gehobeltem Weißkohl und geraspelten Karotten verkneten. Das kann man 24 Stunden vorher zubereiten, damit der Weißkohl gut durchzieht.

Den Wrap nach den Packungsangaben erwärmen, mit dem angemachten Joghurt bestreichen, Krautsalat belegen, das gezupfte Fleisch nach Belieben dazugeben und fest aufrollen. Die Rolle anschließend halbieren und auf dem Teller anrichten.

Zutaten

2 kg Schweineschulter,
ohne Schwarte
3 Flaschen dunkles Bier (0,3l)
1 EL Senf
Thymian
Oregano
Salz und Pfeffer
Alufolie

~~~~~~

Für den Krautsalat:

350 g (½ kleiner) Weißkohlkopf
1–2 Karotten
150 ml Essig
1 Zwiebel
1 EL Senf
2 gehäufte EL Zucker
Salz und Pfeffer

~~~~~~

Für den Wrap-Aufstrich:

250 g Naturjoghurt
1 EL Sonnenblumenöl
2 TL Paprikapulver
2 TL Sambal Oelek

~~~~~~

Außerdem:

4 Tortilla Wraps

Karamellisierte Pflaumen in Bockbier-Soße

→ für 4 Personen

Zubereitung

Die frischen Pflaumen halbieren und entsteinen. In der geschmolzenen Butter den Zucker karamellisieren.

Die Pflaumen darin schmoren und mit dem Bockbier ablöschen. Gewürze, am besten in einem Teefilter, dazugeben und alles so lange einkochen lassen, bis eine Art Chutney entsteht. Das dauert mindestens 10 Minuten.

Jetzt nur noch die Gewürze entnehmen und fertig ist die Pflaumen-Soße. Die karamellisierten Pflaumen kann man perfekt zu Pfannkuchen oder Grießflammerli servieren. Süßes Extra: eine Kugel Vanilleeis.

Zutaten

350 g Pflaumen
20 g Butter
5 EL Zucker
0,5 l Bockbier
1 Zimtstange
2 Pimentkörner
2 Nelken

Ganz ohne kneten: No-Knead-Bier-Brot

→ für 4 Personen

Das No-Knead-Bier-Brot

… ist eine Weiterentwicklung des Original-Rezepts von Jim Lahey, Inhaber der Sullivan-Street-Bakery in New York. Seine These: Lasst die Hefe in Ruhe ihre Arbeit machen, dann braucht ihr den ganzen Kram wie „Vorteig ansetzen", „Hauptteig gehen lassen", „Zusammenschlagen", „Wieder gehen lassen" nicht. Die Hauptzutat ist Zeit. Das Schönste an diesem Rezept: Es geht eigentlich nie schief.

Zutaten

450 g Weizenmehl Typ 405
½ TL Trockenhefe
10 g Salz *(1 gehäufter Teelöffel)*
0,33 l Bier

Zubereitung

Alle Zutaten in einer großen Schüssel ganz leicht vermengen. Nicht kneten oder rühren, sondern einfach mit dem Teigschaber oder den Händen so vermischen, dass die Flüssigkeit gut verteilt ist.

Den Teig mit einem Handtuch zugedeckt mindestens 12, höchstens aber 18 Stunden bei Zimmertemperatur gehen lassen. Es bildet sich eine saftige, lockere, von Blasen durchsetzte Teigmasse.

Jetzt den Teig auf eine bemehlte Arbeitsfläche (noch besser: Silikonmatte) kippen und mit dem Teigschaber genau vier mal zur Mitte hin falten: Von links, von rechts, von oben und von unten. Erneut mit einem Handtuch abdecken und weitere zwei Stunden gehen lassen.

Den Backofen auf 220 Grad vorheizen (Umluft) und einen Topf mit Deckel darin aufheizen. Am besten eignen sich gusseiserne Bräter mit etwa 22 cm Durchmesser.

Jetzt den Topf aus dem Ofen nehmen und den Teig in einem Schwung in den heißen Topf geben. Hier leistet die Silikonmatte gute Dienste, geht aber auch mit Teigschaber und Händen. Auch wenn der Teighaufen im Topf jetzt etwas unförmig aussieht: Einfach Deckel wieder drauf und rein in den Backofen.

Den Teig 30 Minuten bei geschlossenem Deckel backen. Danach Hitze auf 180 Grad reduzieren und Deckel abnehmen. Weitere 20 Minuten backen, bis das Brot eine goldbraune Kruste hat. Aus dem Ofen nehmen, abkühlen lassen und am besten ofenfrisch verzehren.

TIPP

Funktioniert mit jedem Wunschbier: Ob leichtes Pils, dunkles Stout oder karamelliges Malzbier – es schmeckt jedes Mal anders.

Rezept: Christof Johann

für
Bierkenner

—

Ja, was gibt es denn nun alles für Biere?
Um das zu klären, muss man erst mal einen Blick auf die
fleißige Hefe werfen. Und auf das Steuergesetz …
Dann aber widmen wir uns der Vielfalt deutscher und
internationaler Bierstile mit all ihren Finessen.

UNTERGÄRIG ODER OBERGÄRIG ...

—

... das ist hier die Frage! Je nach verwendetem Hefestamm beim Brauen ist ein Bier entweder unter- oder obergärig. Im Englischen entspricht dies übrigens der Unterscheidung zwischen Lager und Ales. Aber es gibt auch noch eine dritte Gärungsart...

Obergärige Biere

Die obergärigen Hefen arbeiten am besten bei wärmeren Temperaturen. Um Zucker in Alkohol umwandeln zu können, benötigen sie eine Wohlfühltemperatur zwischen 16 und 24 Grad Celsius. In die Würze hinzugefügt, vermehrt sich die Hefe und ordnet sich zu Zellverbänden, wie kleine Perlen, die sich an den Händen halten und eine Kette bilden. In diesen Zellketten verfangen sich wiederum die von der Hefe abgeschiedenen Kohlensäurebläschen, und so bekommt die Perlenkette Auftrieb, und die Hefe sammelt sich an der Oberfläche. Daher der Name obergärig. Typische Bierstile sind Weizen, Stout, Porter, Pale Ale, Kölsch, Alt und Berliner Weiße. Obergärige Hefen verleihen dem Bier automatisch einen komplexen Geschmack, da die Hefen beim Brauen mehr Gärnebenprodukte ausscheiden.

Untergärige Biere

Bei untergärigen Hefen läuft es anders. Sie arbeitet lieber bei kälteren Temperaturen, je nach Hefestamm liegt ihre Wohlfühltemperatur zwischen 6 und maximal 12 Grad Celsius. Im Unterschied zur obergärigen Hefe ist diese Hefe eher ein Einzelgänger, sie bildet keine komplexen Zellverbände. Und so verfangen sich die Kohlensäurebläschen nicht in den Strukturen. Statt aufzusteigen, sinkt die Hefe während der Gärung daher nach unten. Typische Bierstile sind Pils, Zwickel, Helles, Export und Bock. Mit untergäriger Hefe gebraute Biere zeichnen sich durch einen klareren Geschmack aus, da die Hefe kaum Gärnebenprodukte mit sich bringt.

Spontan vergorene Biere

Die Spontangärung kommt nur noch selten vor, zum Beispiel bei belgischen Lambic-Bieren, dabei ist diese Gärart der Ursprung aller Braukünste. Im Mittelalter hielt man sie für Zauberei, durchaus nachzuvollziehen, wenn man noch kein Mikroskop hat, um die klitzekleinen Hefezellen bei der Arbeit zu beobachten. Und so funktioniert es: Wilde Hefesporen aus der Luft oder dem hölzernen Gebälk der Brauerei setzen sich in den offenen Sudkesseln ab und leiten den Gärprozess ein. Das kann mitunter auch mal etwas dauern … Heraus kommen dabei fein säuerliche Biere mit komplexen Aromen.

BIERGATTUNGEN

—

Wir sind immer noch nicht bei den Bierstilen, stattdessen wird es etwas theoretisch: Das deutsche Biersteuergesetz teilt Bier nach Grad Plato in Steuerklassen ein.

Die Einheit Grad Plato entspricht dem Stammwürzegehalt des Bieres, also dem Anteil gelöster Extrakte von Hopfen und Malz. Berechnet wird er in Gramm je 100 Gramm Bier. Je nach Höhe des Stammwürzegehalts wird das Bier als Einfach-bier, Schankbier, Vollbier oder Starkbier eingestuft. In Deutschland zählen übrigens die meisten Biere zur Gattung der Vollbiere.

FAUSTREGEL

—

Je höher der Stammwür-zegehalt, desto vollmun-diger der Geschmack und desto höher der Al-koholgehalt.

GATTUNG	STAMMWÜRZEGEHALT in Grad Plato °P	ALKOHOLGEHALT in Vol.-Prozent
EINFACHBIER	1,5–6,9	ETWA 0,5–1,5
SCHANKBIER	7–10,9	ETWA 3–4
VOLLBIER	11–15,9	ETWA 4–6,5
STARKBIER	> 16	> 6,5

BIERSTILE

—

Pils, Weizen, Kölsch – das ist noch längst nicht alles auf der Bierkarte. Tatsächlich gibt es weltweit über hundert Bierstile, davon sind gut 35 bis 40 Bierstile der deutschen Bierkultur entsprungen. Aber auch die großen Brautraditionen Englands und Belgiens geben hier den Ton an.

Welt der Bierstile

Das 1516 erhobene, sogenannte „Reinheitsgebot" prägt noch heute die deutsche Bierkultur. Schließlich darf nur Bier auf dem Flaschenetikett stehen, wenn das uralte Gesetz eingehalten wurde. In anderen Ländern wiederum gelten andere Schutzgesetze für das Bier, und ganz andere Bierrezepturen sind möglich. Große Mitstreiter der Bierkultur sind England und Belgien. Letztere Bierkultur gehört sogar zum Weltkulturerbe. In beiden Ländern setzt man auf andere Zutaten, andere Brauverfahren und vor allen Dingen auf andere Rezepturen, und heraus kommen andere Bierstile.

Auf den folgenden Seiten schauen wir über den Glasrand, stellen eine Auswahl der bekanntesten Bierstile vor und verraten, was sie so besonders macht.

Bierstil-Chaos

Nicht immer lassen sich Biere kategorisieren, um nicht zu sagen, dass die Kategorisierung mitunter sehr chaotisch und voneinander abweichend sein kann. Ein Bierstil umfasst nach BeerKeeper® eng verwandte Biere. Er ist durch quantitativ messbare und qualitativ beschreibbare Kriterien festgelegt.

Messbar sind zum Beispiel Stammwürze und Alkoholgehalt, beschreibbar sind neben Geschmack auch Aromen, Farbe, Mundgefühl, etc.

Der Bierbaum rechts erhebt keinen Anspruch auf Vollständigkeit. Aber er verschafft einen ersten Überblick über beliebte Bierstile, ihre geografische Herkunft, Brauart und einzelne Stilfamilien.

Bierbaum

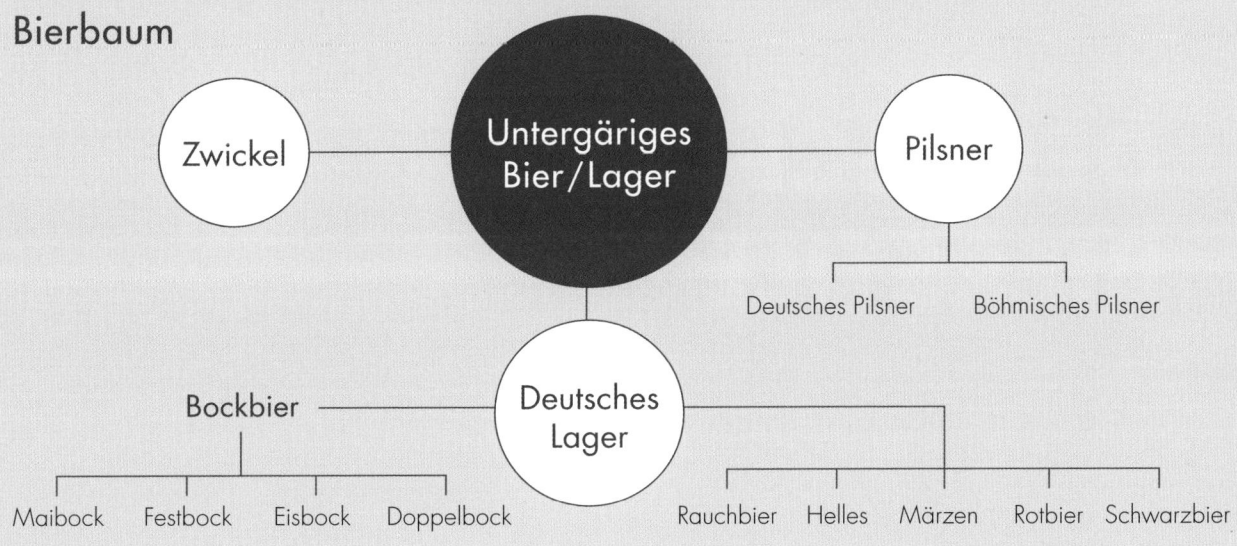

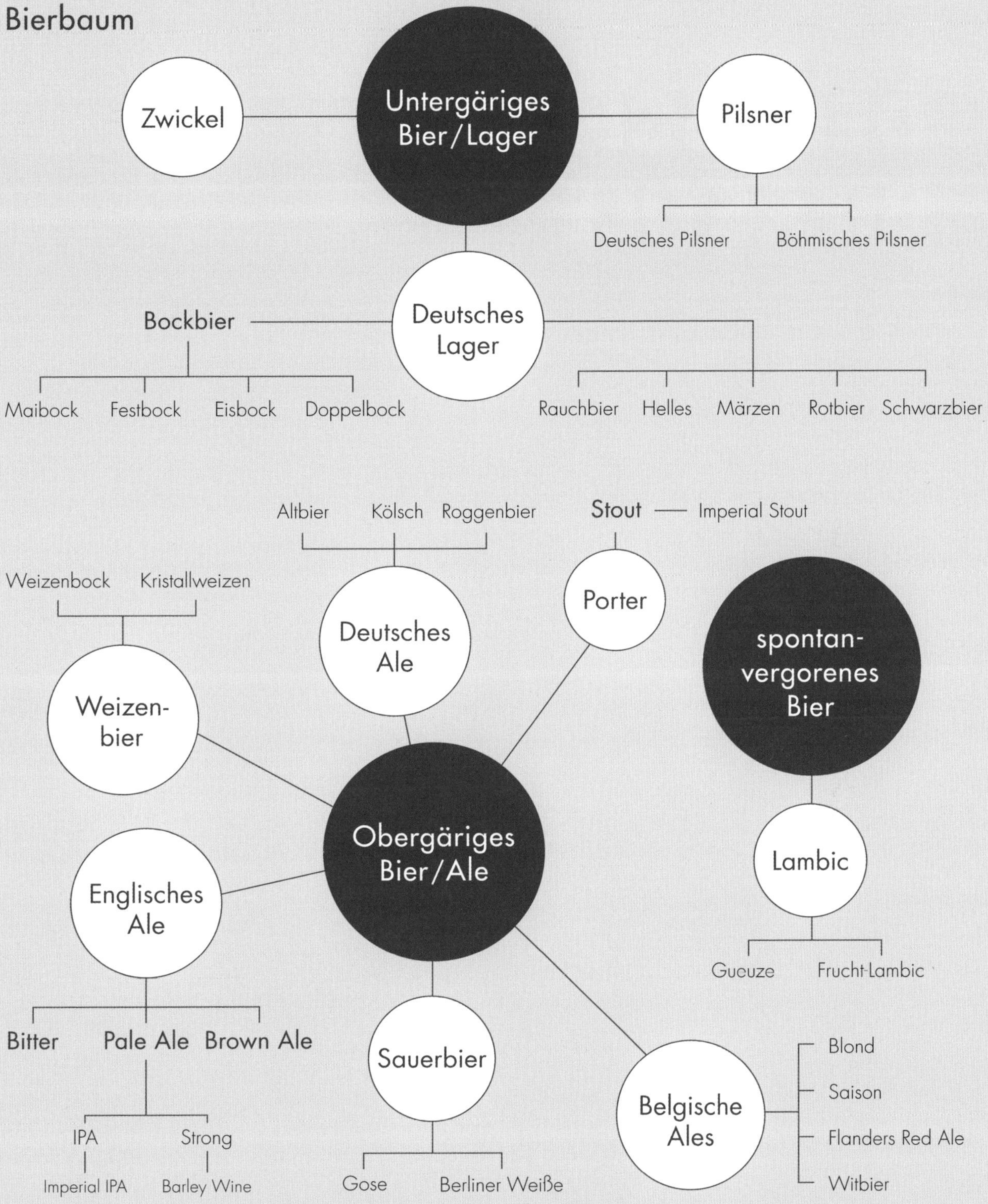

Zwickel — **Untergäriges Bier/Lager** — Pilsner

Pilsner
- Deutsches Pilsner
- Böhmisches Pilsner

Bockbier — **Deutsches Lager**

Bockbier
- Maibock
- Festbock
- Eisbock
- Doppelbock

Deutsches Lager
- Rauchbier
- Helles
- Märzen
- Rotbier
- Schwarzbier

Altbier — Kölsch — Roggenbier

Deutsches Ale

Stout — Imperial Stout

Porter

spontan-vergorenes Bier

Lambic
- Gueuze
- Frucht-Lambic

Weizenbock — Kristallweizen

Weizenbier

Obergäriges Bier/Ale

Englisches Ale

Bitter — Pale Ale — Brown Ale

Pale Ale
- IPA
  - Imperial IPA
- Strong
  - Barley Wine

Sauerbier
- Gose
- Berliner Weiße

Belgische Ales
- Blond
- Saison
- Flanders Red Ale
- Witbier

DEUTSCHE BIERSTILE

—

ALTBIER

Nicht irreführen lassen vom Namen, alt bezieht sich hier auf das ältere, obergärige Brauverfahren, nicht aber auf den Zustand des Bieres … Das relativ dunkle Bier, das am Niederrhein seinen Ursprung hat, wird – genau wie das Kölsch – in kleine 0,25- bis 0,3-Liter-Gläser gezapft. So steht es nur kurz und verliert nicht an Frische. Angeblich werden auch durch die Wärme der Hand, in der man das kleine, dünnwandige Glas hält, noch Aromen wachgekitzelt.

Art / Gattung	obergärig → VOLLBIER
Stammwürze	11–13 °P
Alkohol-gehalt	4,5–5,5 % vol
Bittere	25–35 IBU
Aromen, die man entdecken kann	Malz Nuss Karamell
Farbe	Bernsteinfarben bis Dunkelbraun (EBC 25–50)
Geschmack	Der Malzcharakter dominiert, aber auch die Hopfenbittere füllt den Geschmack. Typisch auch fürs Alt: der sahnige Schaum.
Empfehlung	Alt von Hausbrauerei Uerige, Alt von Brauerei Schumacher, Altbier von Ballast Point, Altbier von Schwarzbräu

EBC-WERT: Farbstärke von Bier nach der Skala der European Brewery Convention

BERLINER WEISSE

Wehe dem, der jetzt an Waldmeister oder Himbeere denkt! Wird das Berliner Bier nicht durch Sirup verunglimpft, erkennt man es am leicht säuerlichen Geschmack, der fast ein bisschen an Prosecco erinnert. Kein Wunder, dass es schon von Napoleons Soldaten den Kosenamen „Champagner des Nordens" verpasst bekam. Die Berliner Weiße ist ein Sauerbier, das mit Gersten- und Weizenmalz gebraut wird. Die Gärung durch obergärige Hefen wird dabei durch Milchsäurebakterien unterstützt, wodurch die erfrischende Säure ins Bier kommt.

Art / Gattung	obergärig → SCHANKBIER
Stammwürze	ca. 7–8 °P
Alkohol-gehalt	2–4 % vol
Bittere	3–8 IBU
Aromen, die man entdecken kann	Apfel Getreide Brot Erde
Farbe	Hellgelb (EBC 5–8)
Geschmack	Die leichte Säure dominiert, es schmeckt aufgrund der geringen Stammwürze sehr trocken und schlank, ja richtig erfrischend.
Empfehlung	Marlene von Schneeeule, White Ghost von Stone Brewing, Berliner Weisse von BRLO

ÜBRIGENS

Wo Berliner Weiße draufsteht, muss auch Berlin drin sein: Das Bier muss in der deutschen Hauptstadt gebraut sein, um den Namen tragen zu dürfen.

BOCKBIER

Das Saisonbier, das meist im Winter oder Frühling gebraut wird, hat es in sich. Die vielen Umdrehungen verdankt das mit Ausnahme vom Weizenbock untergärige Bier dem starken Einbrauen. Es ist dadurch auch im Vergleich zu anderen Biestilen vollmundiger. Ursprünglich stammt es übrigens aus dem norddeutschen Einbeck, das zur Hansezeit die Biermetropole des Nordens war. Um die Rezeptur des Bockbiers nach Bayern zu holen, wurde ein Einbecker Brauer in den Süden geworben, manch einer behauptet sogar, er wurde entführt. Stärkere Versionen des Bockbiers sind der Doppelbock und der Eisbock.

Art / Gattung	obergärig & untergärig → S T A R K B I E R
Stammwürze	> 16 °P
Alkohol-gehalt	ab 6,5 % vol
Bittere	25–35 IBU
Aromen, die man entdecken kann	Toast Malz Keks Karamell
Farbe	Goldfarben, Kupferfarben, manchmal rötliche Akzente bis hin zu Dunkelbraun (EBC 8–40)
Geschmack	Nahrhaftes und vollmundiges Bier mit ordentlich Malz-Geschmack und einer Restsüße im Abgang.
Empfehlung	Celebrator Doppelbock von Privatbrauerei Ayinger, Teufelskerl Bock von Brauerei Raschhofer, Weisser Hai von Hopferei Hertrich, Angeliter Maibock von Weltbrauerei Taarstedt

GOSE

Dieses Bier wurde schon vor über 500 Jahren mit dem leicht salzigen Flusswasser der Gose in Goslar gebraut und ist heute ein unfiltriertes Sauerbier, das durch die Beigabe von Kochsalz und Koriander verfeinert wird. Genau diese Zutaten verstoßen eigentlich gegen das Reinheitsgebot, sind aber ausnahmsweise erlaubt, da dieser uralte Bierstil älter ist als das Gesetz.

Art / Gattung	obergärig	→ VOLLBIER
Stammwürze	10–12 °P	
Alkohol- gehalt	2,5–5 % vol	
Bittere	10–15 IBU	
Aromen, die man entdecken kann	Salz Weizen Koriander Zitrone Grapefruit	
Farbe	Hellgelb bis Orange (EBC 8–10)	
Geschmack	Säuerlich und spritzig mit deutlicher Rezenz im Antrunk gefolgt von leichter Salznote und würzigen Koriander-Aromen.	
Empfehlung	Original Ritterguts Gose, Gurken Gose von Bunthaus Brauerei, Badisch Gose von Weldebräu, The Kimmie, the Yink & the Holy Gose von Anderson Valley	

HELLES

Das wohl Typischste aller Biergartenbiere ist auch der meistgetrunkene Bierstil der Welt. Etwa neunzig Prozent der Weltproduktion sind ein Helles, heißen allerdings Lager, zumindest außerhalb Süddeutschlands … Weniger bitter, viel süffiger und vollmundiger – es ist das ausgewogene Verhältnis von Malz und Hopfen, welches das helle Lagerbier zum Beispiel vom Pils geschmacklich stark unterscheidet.

Art / Gattung	untergärig → VOLLBIER
Stammwürze	11–12 °P
Alkoholgehalt	4,6–5,1 % vol
Bittere	15–25 IBU
Aromen, die man entdecken kann	Biskuit — Honig — Stroh
Farbe	helles Goldgelb (EBC 5–12)
Geschmack	Schön süffig, dank süßem, malzigem Aroma, das auf die bittere Hopfennote trifft.
Empfehlung	Lagerbier Hell von Augustiner Bräu, Lager Hell von Privatbrauerei Ayinger, Helles von Ottakringer Brauerei

KÖLSCH

Können nur Kölner und dürfen auch nur Kölner: Das Kölsch ist EU-weit geschützt und darf nur in der Rhein-Metropole und direkter Umgebung gebraut werden. Wird in der 0,2-l-Kölschstange ausgeschenkt. Der Schaum verschwindet schnell, aber zum Glück wird ja genauso zügig wieder nachgefüllt ... In den Kölner Brau-Gaststätten übernimmt dies übrigens der Köbes, der typisch rheinländische Kellner.

Art / Gattung	obergärig → VOLLBIER
Stammwürze	ca. 11–13 °P
Alkohol-gehalt	ca. 4,5–5 % vol
Bittere	25–30 IBU
Aromen, die man entdecken kann	Apfel Kirsche Birne Gras
Farbe	helles Goldgelb (EBC 5–10)
Geschmack	Schön süffiges Bier, nicht so bitter wie ein Pils, stattdessen eher fruchtig mit ganz leichter Hopfennote.
Empfehlung	Kölsch von Peters Kölsch, Mühlen Kölsch von Brauerei zur Malzmühle, Kölsch von Brauerei Päffgen

MÄRZEN

Dieser Bierstil war einst der Klassiker auf dem Oktoberfest. Und das trotz des relativ hohen Alkoholgehalts für ein Vollbier. Der liegt zwischen 5 und 6 Prozent. Es ist nicht ohne Grund so gehaltvoll. Der Alkohol macht das Bier haltbarer, denn ursprünglich wurde das Märzenbier als letztes Bier im Monat März (stärker) gebraut und dann in kühlen Kellern gelagert. Hintergrund war neben der Tatsache, dass man früher im Sommer kein untergäriges Bier brauen konnte, auch das Brauverbot in den Sommermonaten aufgrund der erhöhten Brandgefahr durch die offene Befeuerung der Kessel.

Art / Gattung	untergärig → VOLLBIER
Stammwürze	13–15 °P
Alkohol-gehalt	5,5–6,3 % vol
Bittere	18–35 IBU
Aromen, die man entdecken kann	Malz Karamell Biskuit
Farbe	Goldgelb bis Orangerot (EBC 8–16)
Geschmack	Im Antrunk malzig-süß, ist es dann körperreich und süffig mit nur wenig Hopfenbittere.
Empfehlung	Märzen von Camba Bavaria, Michaeli von Riegele Braumanufaktur, Ur-Saalfelder von Saalfelder Brauhaus

PILS

Der Klassiker unter den deutschen Bieren wurde 1842 im böhmischen Pilsen das erste Mal ausgeschenkt. Heute ist dieser Bierstil mit der deutlichen Bittere das meistgetrunkene Bier in Deutschland, vor allem im Norden, Osten und Westen des Landes. Unterschieden wird das herbe deutsche vom leicht buttrigen böhmischen Pilsener. Letzteres hat einen höheren Anteil der Verbindung Diacetyl und somit die buttrige Note im Geschmack – ein für deutsches Pils absoluter Fauxpas; siehe Kapitel Bierfehler.

Art / Gattung	untergärig → VOLLBIER
Stammwürze	11–12,9 °P
Alkoholgehalt	4,5–5,5 % vol
Bittere	25–45 IBU
Aromen, die man entdecken kann	Hopfen Butter
Farbe	Hellgelb bis Goldfarben (EBC 2,5–3,5)
Geschmack	Knackig bitter, sehr schlankes Geschmacksprofil mit deutlicher Hopfenbittere und meist trocken im Abgang.
Empfehlung	Pils von Landbrauerei Schönram, Gold Fassl Pils von Ottakringer Brauerei, Augsburger Herrenpils von Brauerei Riegele, Fastmoker Pils von Wildwuchs Brauwerk

SCHWARZBIER

Diese uralte, ostdeutsche Brautradition verdankt ihre satte Farbe und Vollmundigkeit den verbrauten Spezial- und Röstmalzen, die dem Bierstil auch ein leichtes Kaffee- und Schokoladenaroma verleihen. Urkundlich wurde es bereits im Jahr 1390 das erste Mal erwähnt. Durch die Erfolgsgeschichte der hellen Lagerbiere verschwand das Schwarzbier fast vollständig von den Getränkekarten und eroberte sich erst nach der Wiedervereinigung Deutschlands wieder einen Platz auf unserer Bierlandkarte.

Art / Gattung	untergärig → VOLLBIER
Stammwürze	11–13 °P
Alkohol-gehalt	4,5–5,5 % vol
Bittere	20–30 IBU
Aromen, die man entdecken kann	Schokolade Espresso Paprika Malz Karamell
Farbe	Dunkelbraun bis Schwarz (EBC 50–60)
Geschmack	Vollmundig, mit malzbetonter röstiger Note kann es im Abgang nach Bitterschokolade schmecken.
Empfehlung	Schwarz-Bier von Störtebeker Brauspezialitäten, Schwarzes von Glückauf Biere, Schwarz von Birra Elvo

HELLES WEIZENBIER

Bayrischer geht's kaum! Das Weizenbier, auch Weißbier oder Hefeweizen genannt, ist gar nicht weiß, aber Weizen steckt drin. Mindestens die Hälfte des Malzes muss aus Weizen sein. Diese Vorschrift wäre dem Bierstil fast zum Verhängnis geworden, denn im 15./16. Jahrhundert war es zeitweise verboten, Weißbier zu brauen, da das Getreide für Brot gebraucht wurde. Heute ist das Bier mit dem Creme-Schaum und dem Geschmack nach Banane und Gewürznelke aus keinem Sommer wegzudenken. Typisch ist auch die Trübe. Ist es filtriert und glanzfein, ist ein Kristallweizen im Glas. Außerdem gibt es das Weizenbier zum Beispiel dunkel, alkoholfrei und als Weizenbock, man spricht auch von einer Stilfamilie.

Art / Gattung	obergärig	→ VOLLBIER		
Stammwürze	11–14 °P			
Alkohol-gehalt	4,6–5,9 % vol			
Bittere	10–20 IBU			
Aromen, die man entdecken kann	Muskatnuss	Banane	Gewürznelke	Vanille
Farbe	helles Strohgelb bis dunkles Goldgelb (EBC < 18)			
Geschmack	Spritzig, fruchtig, würzig mit ordentlich Kohlensäure und nur wenig Hopfenbittere.			
Empfehlung	Weißbier Original von Unertl, Schalchner Weisse hell von Weissbräu Schwendl, TAP7 Mein Original von Schneider Weisse, Urweisse von Ayinger			

ZWICKEL

Zwickelhahn aufdrehen und zwickeln, so hat der Brauer früher frisch gebrautes Bier aus dem Fass probiert. Beim Zwickel handelt es sich um helles oder dunkles, ungefiltertes, direkt im Anschluss an den Nachgärungsprozess abgefülltes, untergäriges Bier. Durch die enthaltenen Schweb- und Trübstoffe schmeckt es vollmundig und gilt als gesunde Alternative zu gefilterten Bieren. In Franken gibt es auch ungespundete Zwickelbiere, die somit weniger Kohlensäure enthalten. Oft taucht die Bezeichnung Kellerbier als Synonym auf. Spricht man vom Kellerpils, ist es ein unfiltriertes Pils.

Art / Gattung	untergärig	→ VOLLBIER
Stammwürze	11–12,9 °P	
Alkohol-gehalt	4,5–5,5 % vol	
Bittere	25–35 IBU	
Aromen, die man entdecken kann	Apfel Birne Hefe	
Farbe	Hellgelb bis Bernsteinfarben (EBC 15–25)	
Geschmack	Das naturtrübe Bier mit leichter Rezenz riecht leicht hefig, schmeckt süffig und fruchtig mit ausbalancierter Malzigkeit und Hopfigkeit.	
Empfehlung	Zwickelbier von Aldersbacher, Hefe-Pils von Winkler Bräu, Hell von Camba Bavaria, Single Hop von Hanscraft & Co.	

UN-GESPUNDET

Wird bei der Gärung kein Spund eingesetzt, entweicht die meiste Kohlensäure, heraus kommt ungespundetes Bier.

ENGLISCHE BIERSTILE

—

BARLEY WINE

Nicht ohne Grund heißt dieses Bier so, denn sein Ursprung liegt in der Wein-Knappheit während der Napoleonischen Kriege, als der beim englischen Adel beliebte Traubensaft nicht aus Frankreich importiert werden konnte. Findige Brauer entwickelten den Barley Wine, der mindestens so alkoholhaltig und komplex im Geschmack wie Wein sein sollte. Das gelingt durch intensive Malzaromen und vor allem durch eine lange Gärungs- und Reifungszeit.

Art / Gattung	obergärig	→ STARKBIER
Stammwürze	15–25 °P	
Alkohol-gehalt	ab 8 % vol	
Bittere	40–60 IBU	
Aromen, die man entdecken kann	Malz · Zimt · Cognac · Karamell · Rosinen	
Farbe	Gelbbraun bis Mahagonifarben (EBC 25–35)	
Geschmack	Nach einem malzbetonten, fruchtigen Antrunk schmeckt man die komplexe Vollmundigkeit, im Abgang tritt die deutliche Bittere des Barley Wines auf.	
Empfehlung	Nussknacker von Brew Age, Old Foghorn von Anchor Brewing, Struis von Brouwerij 't IJ	

BITTER

Gehört zu den obergärigen Ales, die man aus England kennt, und zwar ist es ein extra gut gehopftes Bier, das sich durch eine besondere Bittere von den anderen abhebt. Die muss aber nicht unbedingt sehr ausgeprägt sein, sondern kann auch etwas milder ausfallen. Ist es ein Strong Bitter oder ein ESB Extra Special Bitter – dann schon. Der Alkoholgehalt variiert ähnlich wie die Hopfenbittere.

Art / Gattung	obergärig	→ SCHANKBIER & VOLLBIER
Stammwürze	8–15 °P	
Alkohol-gehalt	3–6,3 % vol	
Bittere	20–45 IBU	

Aromen, die man entdecken kann

Hopfen   Karamell   Malz

Farbe

Goldgelb bis Kupferrot (EBC 20–30)

Geschmack

Der Körper eines Bitters ist leicht, der Bitterhopfen dominiert den Geschmack, und es ist nur wenig Kohlensäure enthalten.

Empfehlung

DBA von Firestone Walker; ESB von Fuller's Brewery, Champions Bitter von Biergasthaus Schiffner/Brauerei Hofstetten

BROWN ALE

Malzig-süß ist es, schön süffig und wie der Name schon sagt: Es hat eine sattbraune Farbe. Der Ursprung der Brown Ales liegt schon im 18. Jahrhundert, im frühen 20. Jahrhundert aber wurde das Bier als Gegenpol zu den sehr kräftigen, weinigen, dunklen und malzintensiven Porter-Bieren gebraut und war beliebt bei Arbeitern. In England unterscheidet man die südenglischen von den nordenglischen Brown Ales, letztere sind weniger süß und etwas heller.

Art / Gattung	obergärig → VOLLBIER
Stammwürze	10–12,5 °P
Alkoholgehalt	4,2–6 % vol
Bittere	15–25 IBU
Aromen, die man entdecken kann	Malz Karamell Pflaume Biskuit Kaffee
Farbe	Bernsteinfarben bis Dunkelbraun (EBC 35–60)
Geschmack	Malzig ist der erste Eindruck, und malzig-süß bleibt der Eindruck, dazu kommen karamellige und fruchtige Noten.
Empfehlung	Looping von Propeller Bier, Brown Ale von O'Hara's, Brown Ale von Tilmans Biere

INDIA PALE ALE / IPA

Stärker eingebraut und hopfengestopft – das sind die klassischen IPA-Biere, die keine Erfindung der Craft-Beer-Bewegung sind, sondern schon vor Hunderten Jahren in England gebraut wurden. Es handelt sich um eine stärker gebraute Version des beliebten Pale Ales, das zu Kolonialzeiten in die britischen Kolonien nach Indien geschippert wurde. Mit ordentlich Alkohol und Hopfen konnte es auf die lange Seereise gehen, schließlich wirkt beides konservierend. Besserwisser-Fakt: India Pale Ale hat definitiv kein „n" hinten an India.

Art / Gattung	obergärig	→ VOLLBIER
Stammwürze	11–17°P	
Alkohol-gehalt	4,5–7,5 % vol	
Bittere	> 35 IBU	

ÜBRIGENS

Außerdem wissenswert: Wer es noch (alkohol-)gehaltvoller mag, setzt auf Double oder Triple IPAs!

Aromen, die man entdecken kann

Hopfen   Maracuja   Zitrone   Harz   Karamell

Farbe

Gold bis Kupfer (EBC 11–30)

Geschmack

Schmeckt etwas bitterer als ein Pale Ale, intensiv hopfig mit fruchtigen Noten, aber auch ausgewogen malzaromatisch.

Empfehlung

Westcoast IPA von Ratsherrn, Hopfen Anarchie von Brauhaus Thombansen, Aufwind von Propeller Bier, East IPA von Brooklyn Brewery, DIPA von Poppels Bryggeri

PALE ALE

Auch wenn heute das American Pale Ale in aller Munde ist, hat das Bier seine Wurzeln in England. Dort wird es seit dem 18. Jahrhundert ausgeschenkt. Es ist „pale", also blass, da es mit hellem Malz gebraut wird. Und das war damals innovativ, schließlich war es den Mälzern gelungen, das Malz heller zu darren, indem sie erstmals Koksfeuer statt Holzfeuer einsetzten. Im Vergleich zum India Pale Ale ist es schwächer gehopft, wobei es immer noch hopfenbetont ist. Gerade das American Pale Ale wird oftmals mit viel (fruchtigem) Hopfen gebraut und kalt gehopft.

Art / Gattung	obergärig → VOLLBIER
Stammwürze	11–14°P
Alkohol-gehalt	4,5–6 % vol
Bittere	20–40 IBU
Aromen, die man entdecken kann	Hopfen Mango Grapefruit Zitrone
Farbe	Hellgelb bis Kupferfarben (EBC 7–16)
Geschmack	Die Spritzigkeit im Antrunk wird von den intensiven, fruchtigen Aromen des Hopfens abgelöst, im Abgang bleibt die leichte Hopfenbittere erhalten.
Empfehlung	Palim Palim Pale Ale von ÜberQuell, Pale Ale von Camba Bavaria, Pale Ale von Sierra Nevada, Antwerpen Belgian Style Pale Ale von Kehrwieder Kreativbrauerei

PORTER

Dieser englische Bierstil hat seinen Namen von den Lastenträgern auf Märkten, den „porters" auf Englisch. Gegen Ende des 17. Jahrhunderts war das Getränk bei den Arbeitern besonders beliebt. Und nicht nur das. Es wurde extra nahrhaft gebraut, um die Arbeiter zu Kräften kommen zu lassen. Dunkle Röstmalze verleihen dem Bier nicht nur seine Farbe, sondern auch eine starke Röstnote, oftmals auch eine schokoladige Note.

Art / Gattung	obergärig → VOLLBIER
Stammwürze	10–15 °P
Alkohol-gehalt	4,5–6,5 % vol
Bittere	20–40 IBU
Aromen, die man entdecken kann	Kaffee Lakritz Toast Nuss Schokolade Malz
Farbe	Kaffeebraun bis Schwarz (EBC 47–80)
Geschmack	Die malzige Süße überwiegt, während die Hopfenbittere kaum spürbar ist und die kräftigen Röstnoten die Hauptrolle spielen.
Empfehlung	Dunkle Macht von Landgang Brauerei, Porter von Brauwerk, Porter von Anchor Brewing, Black Jack Porter von Left Hand Brewing, Gypsy Porter von Kocour

STOUT

Übersetzt ins Deutsche bedeutet Stout „kräftig, wohlbeleibt" und das macht bei dem fast sahnigen Mundgefühl durchaus Sinn. Der kräftige, malzbetonte Bierstil ist ein Abkömmling des Porters, stärker eingebraut und damit auch alkoholhaltiger. Fast unschlagbar als Dessertbier! Wer es noch etwas stärker mag, setzt auf das tiefschwarze Imperial Stout mit knapp zehn Prozent Alkohol, wer es süßlich mag, trinkt Milk Stout. Mit der Entwicklung vom Bierstil zur Bierfamilie bringt Stout heute ordentlich Vielfalt ins Spiel.

Art / Gattung	obergärig	→ VOLLBIER/STARKBIER
Stammwürze	9,5–25 °P	
Alkohol-gehalt	4–12 % vol	
Bittere	> 15 IBU	
Aromen, die man entdecken kann	Malz　　Schokolade　　Kaffee　　getrocknete Pflaume	
Farbe	Dunkelbraun bis Tiefschwarz (EBC 55–80)	
Geschmack	Nach einem weichen Antrunk ist es vollmundig und malzig, bis das Gefühl einer cremigen Süße übernimmt.	
Empfehlung	Black Sheep von Brauerei Gusswerk, Irish Stout von O'Hara's, Black Cab von Fuller's Brewery, Jet Black Heart von BrewDog	

ÜBRIGENS

Der Zusatz Imperial weist bei allen Bierstilen immer auf eine Extra-Portion Hopfen, Malz und/oder Alkohol hin.

BELGISCHE
BIERSTILE

—

BLOND

Ganz schön süffig ist dieses obergärige, unfiltrierte Vollbier aus Belgien. Und das nicht ohne Grund, denn so manch ein Brauer reichert die Würze unter Zugabe von etwas (Kandis-)Zucker an. Außerdem verleihen die Gärnebenprodukte der belgischen Spezialhefen den Blond-Bieren einen leicht fruchtigen Beigeschmack nach Zitrone oder Orange. Kein Wunder, dass sich der verhältnismäßig junge Bierstil in seiner Heimat so großer Beliebtheit erfreut.

Art / Gattung	obergärig → VOLLBIER
Stammwürze	11–15°P
Alkohol-gehalt	4,5–6,5 % vol
Bittere	15–30 IBU
Aromen, die man entdecken kann	Malz Karamell
Farbe	Hell bis Goldfarben (EBC 9–17)
Geschmack	Recht spritzig, dann leicht süßlich, manchmal sogar honigartig, und schließlich trocken im Abgang.
Empfehlung	La Trappe Blond von La Trappe, Maredsous 6 Blond von Duvel Moortgat

FLANDERS RED ALE

Fast rotweinartig kommt dieses Sauerbier daher, das seit gut 200 Jahren in nur wenigen Brauereien Westflanderns gebraut wird. Und der Gedanke an Wein kommt einem nicht nur aufgrund des rötlichen Farbtons, sondern auch aufgrund der Lagerung in Holzfässern und der intensiven Säure. Oft wird ein Flanders Red Ale nach der Lagerung mit einem jüngeren Jahrgang verschnitten, dementsprechend komplex kann der Bierstil schmecken.

Art / Gattung	obergärig → VOLLBIER
Stammwürze	12–14,3°P
Alkoholgehalt	4,6–6,5 % vol
Bittere	15–25 IBU
Aromen, die man entdecken kann	Kirsche Pflaume Rote Johannisbeere Himbeere
Farbe	Burgunderrot bis Rotbraun (EBC 20–32)
Geschmack	Weinartiger Charakter mit Säure, intensivem Fruchtgeschmack und leichter Rezenz.
Empfehlung	Grand Cru von Rodenbach, Duchesse du Bourgogne von Verhaeghe, Flanders Red von Brauwerk

GUEUZE

Die Gueuze überrascht den klassischen Biertrinker, als Sauerbier trägt der belgische Bierstil schließlich nicht ohne Grund den Beinamen „Brüssler Champagner". Das Sauerbier ist nicht jedermanns Sache. Seinen Ursprung hat es bereits im Mittelalter, hergestellt wird es durch das Vermischen von unterschiedlich altem Lambic, einem jungen noch nicht komplett vergorenem und einem alten Jahrgang. Während der anschließenden, mehrjährigen Flaschengärung entsteht die prickelnde Kohlensäure.

Art / Gattung	spontanvergoren → VOLLBIER
Stammwürze	10–18°P
Alkohol-gehalt	5–8 % vol
Bittere	10–25 IBU
Aromen, die man entdecken kann	Birne Zitrone Hefe
Farbe	Goldfarben bis sattes Orange (EBC 12–25)
Geschmack	Spritzig im Antrunk, dann überwiegen die charakteristische Säure und fruchtige Aromen.
Empfehlung	Oude Geuze von 3 Fonteinen, Oude Gueuze von Hanssens Artisanaal, Oude Geuze Boon von Brouwerij Boon

LAMBIC

Das charakterstarke Sauerbier wird seit Jahrhunderten mit wilden Hefen erzeugt, es ist eines der wenigen Biere, bei denen Spontangärung angewandt wird. Genau genommen: ein Bierstil mit Spontangärung, dessen Gärung und Reifung in Holzfässern bis zu drei Jahre dauern kann. Gegärt mit Obst spricht man von Fruchtlambic, am beliebtesten ist das Kriek, das mit Kirschen gebraut wird.

Art / Gattung	spontanvergoren → V O L L B I E R
Stammwürze	11–14 °P
Alkohol-gehalt	4–6 % vol
Bittere	10–20 IBU
Aromen, die man entdecken kann	Sherry Weizen Apfel Pfirsich Stachelbeere Honig
Farbe	Hellgelb bis Tiefgold (EBC 12–26)
Geschmack	Sehr trockenes Bier mit viel Säure, gibt es von nahezu unkarbonisiert bis angenehm prickelnd.
Empfehlung	Lambic Kriek Mariage Parfait von Brouwerij Boon, Lambic d'Aunis von Cantillon, SpontanGreenapple von Mikkeller

SAISON

Ursprünglich gebraut als Teilentlohnung für die Erntehelfer der wallonischen Provinz im französischsprachigen Belgien, wird dieses Bier auch Farmhouse Ale genannt. Fast wäre dieser alte Bierstil Ende des 20. Jahrhunderts ausgestorben, hätten amerikanische Craft-Beer-Brauer das erfrischende Bauernbier nicht wiederentdeckt. Heute feiert es sein Comeback. Und das zu Recht: Die Hefe bringt eine pfeffrige Nuance ins Bier, gerade stärkere Versionen werden auch mal mit Kräutern und Gewürzen gebraut.

Art / Gattung	obergärig → VOLLBIER
Stammwürze	7–16 °P
Alkohol-gehalt	2,5–6,5 % vol
Bittere	10–40 IBU
Aromen, die man entdecken kann	Pfeffer — Zitrone — Gewürznelke — Koriander
Farbe	Hellgelb bis Orange (EBC 12–20)
Geschmack	Die prickelnde Rezenz wird von einer fruchtigen Würzigkeit abgelöst, im Abgang sehr trocken.
Empfehlung	Saison von Camba Bavaria, Roggen Saison von ONKEL Albert, Kamp von Brauerei J. Kemper

WITBIER

Im 19. Jahrhundert beliebt, dann fast ausgestorben und in den 1960ern durch einen Milchmann gerettet, der eine kleine Braustätte aufbaute, um nicht auf sein Lieblingsbier verzichten zu müssen. Das fast milchig aussehende belgische Weizenbier wird mit Gersten- und Weizenmalz sowie Rohweizen, manchmal auch unter Zugabe von Hafer gebraut. Charakteristisch sind die deutlichen Gewürz- und Fruchtnoten des Witbiers – kein Wunder, schließlich wird der Sud mit Orangenschalen und Koriander gewürzt.

Art / Gattung	obergärig → VOLLBIER
Stammwürze	11–14°P
Alkohol- gehalt	4,5–6,0 % vol
Bittere	6–20 IBU
Aromen, die man entdecken kann	Weizen Orange Honig Vanille
Farbe	Strohblond bis Hellgelb (EBC 4–8)
Geschmack	Spritziger Antrunk mit schlankem Körper, fruchtig-würzigen Aromen und deutlicher Weizennote, zum Schluss zarte Bittere im Abgang.
Empfehlung	Blanche de Namur von Brasserie du Bocq, Lebenskünstler von Brauerei Raschhofer, Moby Wit von Ratsherrn

Das schlägt dem Fass den Boden aus.

Wurde früher in einer Brauerei nicht das Reinheitsgebot eingehalten, wurden bei Kontrollen die vollen Bierfässer zertrümmert.

GANZ SCHÖN SPEZIELL

—

Neben den Bierstilen gibt es auch eine Vielzahl an Bierspezialitäten, in denen besondere Zutaten stecken oder die durch eine besondere Braumethode verfeinert werden.

Eisbock

Diese Spezialität wird aus (halb) gefrorenem Bockbier gewonnen, man spricht vom Elixier der Bierbrauer. Das gefrorene Wasser bleibt dabei im Gefäß zurück, nur die hochkonzentrierte Essenz mit allen Aromen wird abgefangen. Und die hat auch einen dementsprechend hohen Alkoholgehalt im zweistelligen Bereich. Wurde angeblich zufällig entdeckt, als Brauerlehrlinge die Fässer im Winter draußen in der Eiseskälte vergessen hatten. Die Herstellung des Eisbocks ist auch die Methode, mit der Brauer der ganzen Welt versuchen, das stärkste Bier zu brauen. Derzeit liegt der höchste Alkoholgehalt bei knapp 70 Prozent.

→ *Eisknacker von Brew Age*

Trappistenbier

Hinter dieser Bezeichnung steckt kein Bierstil, sondern ein Hinweis auf die Herkunft: Das Bier muss in einem Trappistenkloster oder in der direkten Umgebung mit der vorgeschriebenen Brauerlaubnis gebraut worden sein. Dabei haben stets Trappistenmönche die Aufsicht über das Brauen, und außerdem muss ein Großteil der Gesamterlöse aus dem Bierverkauf in soziale Projekte fließen. Was das Bier selbst angeht, können sich dahinter viele Bierstile verstecken, meistens ist es Belgian Strong Ale. Übrigens haben Trappistenbiere oftmals einen höheren Alkoholgehalt – er kann gut mal bis hin zu 12 Prozent reichen.

→ *Gregorius von Stift Engelszell*

Steinbier

Zu Zeiten als es noch keine Kupferkessel zum Bierbrauen gab, sondern nur Holzbottiche, konte man diese natürlich nicht befeuern. Stattdessen hat man die Würze durch das Eintauchen von über dem offenen Feuer erhitzten Steinen zum Kochen gebracht. Mit der Bierspezialität Steinbier lehnt man sich an diese uralte und ursprüngliche Brauweise an und taucht glühende, etwa 800 Grad heiße Granitsteine in die unvergorene Würze. Was passiert? Ganz einfach: Der vorhandene Malzzucker in der Würze karamellisiert auf den Steinen, und es entsteht ein besonderes Bier mit intensiven Karamell- und Röst-Aromen.

→ *Steinbier von Brauhaus Gusswerk*

Rauchbier

Diese Bamberger Spezialität ist gewöhnungsbedürftig, ein altes Sprichwort besagt sogar, dass erst der dritte Krug Rauchbier schmeckt. In der Regel ist es ein untergäriges Vollbier, das mit Rauchmalz gebraut und beim Darren mit Buchenholz befeuert wird. So entsteht ein Bier mit sehr intensivem Raucharoma. Nebenbei bemerkt: Genau dieses spezielle Aroma vermittelt uns einen ungefähren Eindruck, wie Bier früher geschmeckt hat, schließlich wurde bis zur Industralisierung das Malz oftmals über einem offenen Holzfeuer gedarrt, wenn es nicht in der Sonne getrocknet werden konnte. Man geht davon aus, dass Bier früher häufig ein solch intensives rauchiges Aroma hatte. Schon nimmt man den Geschmack eines Rauchbiers ganz anders wahr.

→ *Smokey George von Rittmayer*

Roggenbier

Mit Roggen zu brauen war früher Usus, wurde jedoch mit dem Reinheitsgebot verboten, da das wertvolle Getreide zum Brotbacken gesichert werden sollte. Mittlerweile wurde die Bierspezialität wiederbelebt und ist gerade in Bayern und der Pfalz auf den Getränkekarten zu finden. Dabei ist Roggenbier etwas arbeitsaufwendiger zu brauen, was hauptsächlich an dem im Vergleich zur Gerste und zum Weizen höheren Anteil an Schleimstoffen im Getreide liegt. Der Brauer benötigt ordentlich Fingerspitzengefühl, um der sehr dickflüssigen, klebrigen Maische die Würze zu entlocken. Ist das aber vollbracht und das Bier gebraut, schmeckt das dunkle (oder auch helle) Bier sehr vollmundig, im Antrunk ölig und hat etwa fünf Prozent Alkoholgehalt.

→ *Roggen-Weizen von Störtebeker*

Jopenbier

Von Schimmel überzogene Wände im Gärkeller sind das Geheimrezept dieses ausgestorbenen Bierstils, den man heute nur noch selten und in abgewandelter Form findet: Ursprünglich war das Jopenbier (von „Jope", Schöpfkelle) eine Danziger Spezialität, die ein wenig dem Porter ähnelte, nur dickflüssiger war, denn die Würze des dunklen Bieres wurde bis zu zehn Stunden gekocht. Dann ging es ab ins offene Kühlschiff im Keller zur Spontangärung dank Schimmelpilzstämmen, Milchsäurebakterien und wilder Hefen. Vom 15. bis zum 18. Jahrhundert war das Jopenbier ein Exportschlager Danzigs, dabei trank man den dickflüssigen Sirup kaum, sondern verwendete ihn zum Binden von Soßen und Suppen, zum Vermengen mit anderen Bieren oder im schlimmsten Fall sogar als Heilmittel bei Erkältungen.

Durchs Jahr gebraut

Auch die Jahreszeiten bringen ihre eigenen Biere mit sich. Gerade das Bockbier hat so manche saisonale Unterkategorie zu bieten. In bestimmten Monaten gebraut oder ausgeschenkt, steckt dahinter jedoch eher eine kleine Prise Tradition und eine große Dosis Kommerzielles als ein brautechnischer Grund wie Temperaturen oder Ernte von Rohstoffen.

Maibock

Im Gegensatz zu seinem winterlichen Pendant, dem Festbock, ist der Maibock sehr erfrischend und spritzig, wie es sich eben gehört für ein Bier in den Frühlingsmonaten. Das untergärige Starkbier ist stark gehopft und wird mit hellem Malz gebraut und ist daher manchmal unter dem Beinamen Heller Bock in den Regalen zu finden.

Festbock

Malziger und süßlicher ist hingegen das Bockbier, das traditionell vor Weihnachten ausgeschenkt wird. Der Fest- oder Weihnachtsbock, wie man ihn auch nennt, wird passend zur Jahreszeit mit intensiv würzigem Hopfen und Malz gebraut, eine längere Lagerung rundet das Zusammenspiel von Hopfen und Malz ab. Vor allem im weihnachtlichen Österreich ist das festliche Starkbier weitverbreitet.

J-Day in Kopenhagen

Ob kommerzielles Brimborium oder Advents-Highlight – das entscheidet jeder selbst: Seit den frühen Neunzigern läutet die dänische Tuborg Brauerei mit dem sogenannten J-Day die Verkaufsphase des hauseigenen Weihnachtsbiers ein. Derzeit ist es der erste Freitag im November, an dem die Brauerei um 20.49 Uhr mit Lieferwagen und sogar Pferdekutschen Freibier an Bars und Kneipen in Dänemark verteilt.

Wer trinkt was?

Die Vorlieben der Bundesländer für einzelne Bierstile und der sagenumwobene Weißbier-Äquator zeigen, wie verschieden die Geschmäcker sind.

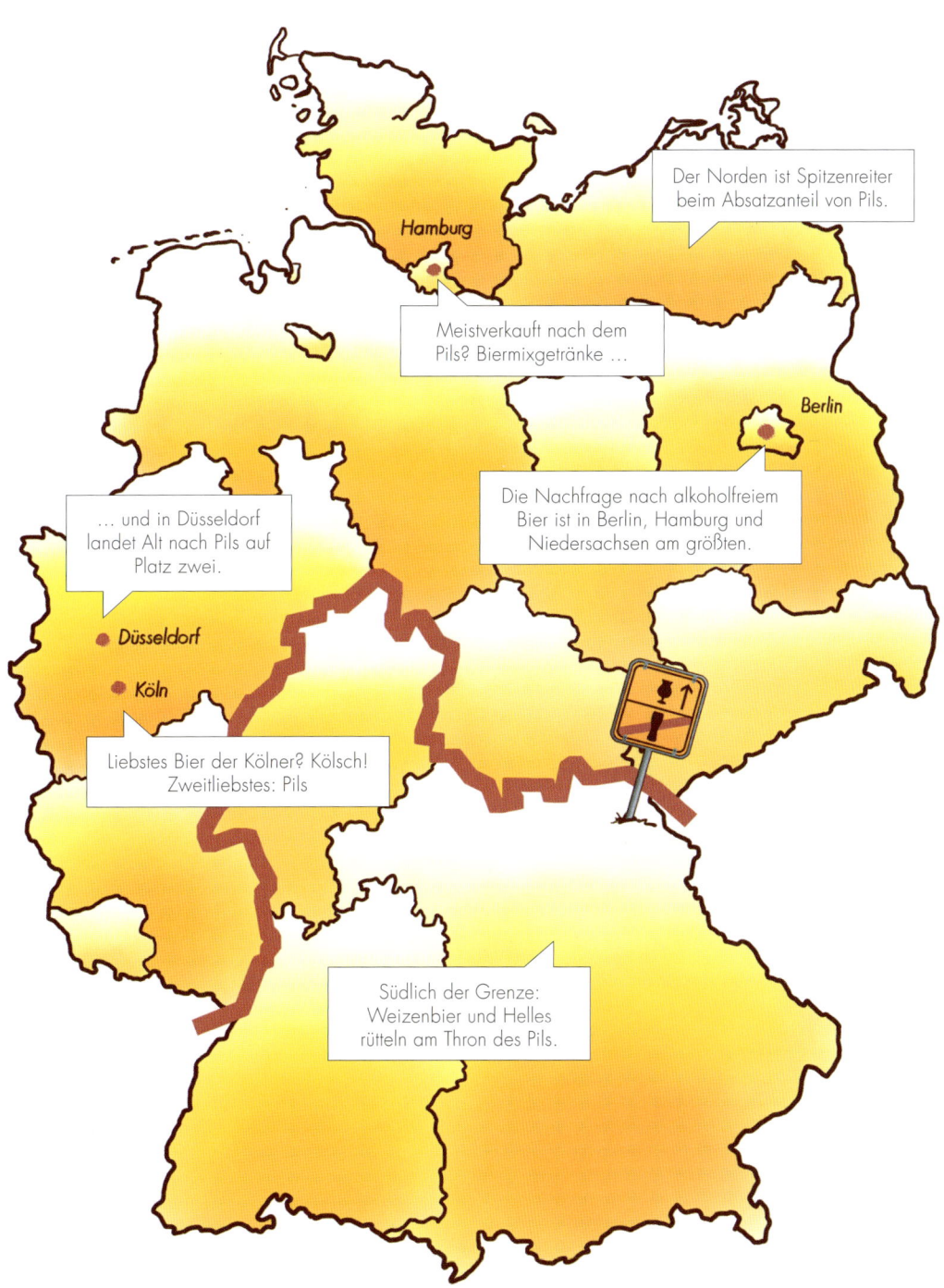

Der Norden ist Spitzenreiter beim Absatzanteil von Pils.

Meistverkauft nach dem Pils? Biermixgetränke …

Die Nachfrage nach alkoholfreiem Bier ist in Berlin, Hamburg und Niedersachsen am größten.

… und in Düsseldorf landet Alt nach Pils auf Platz zwei.

Liebstes Bier der Kölner? Kölsch! Zweitliebstes: Pils

Südlich der Grenze: Weizenbier und Helles rütteln am Thron des Pils.

Quelle: Gestützt auf Umsatz-Daten von Nielsen

DEUTSCHLANDS BRAUEREIEN

—

Die Lust auf große Biervielfalt lässt sich auch auf einer Deutschlandkarte manifestieren, denn die Zahl der Brauereien steigt bundesweit. Seit 1995 ist die Braustättenanzahl von 1282 auf 1408 gestiegen. Man spricht von einer Renaissance des Brauhandwerks. Und welches Bundesland die Nase vorn hat, ist auf den ersten Blick eindeutig: In Bayern gibt es mit Abstand die meisten Braustätten. Vor allen Dingen in der Region Franken wird in kleinen Brauereien fleißig um die Wette gebraut. Aber: Im Gegensatz zu den meisten anderen Bundesländern ist die Zahl der Brauereien in Bayern tatsächlich rückläufig.

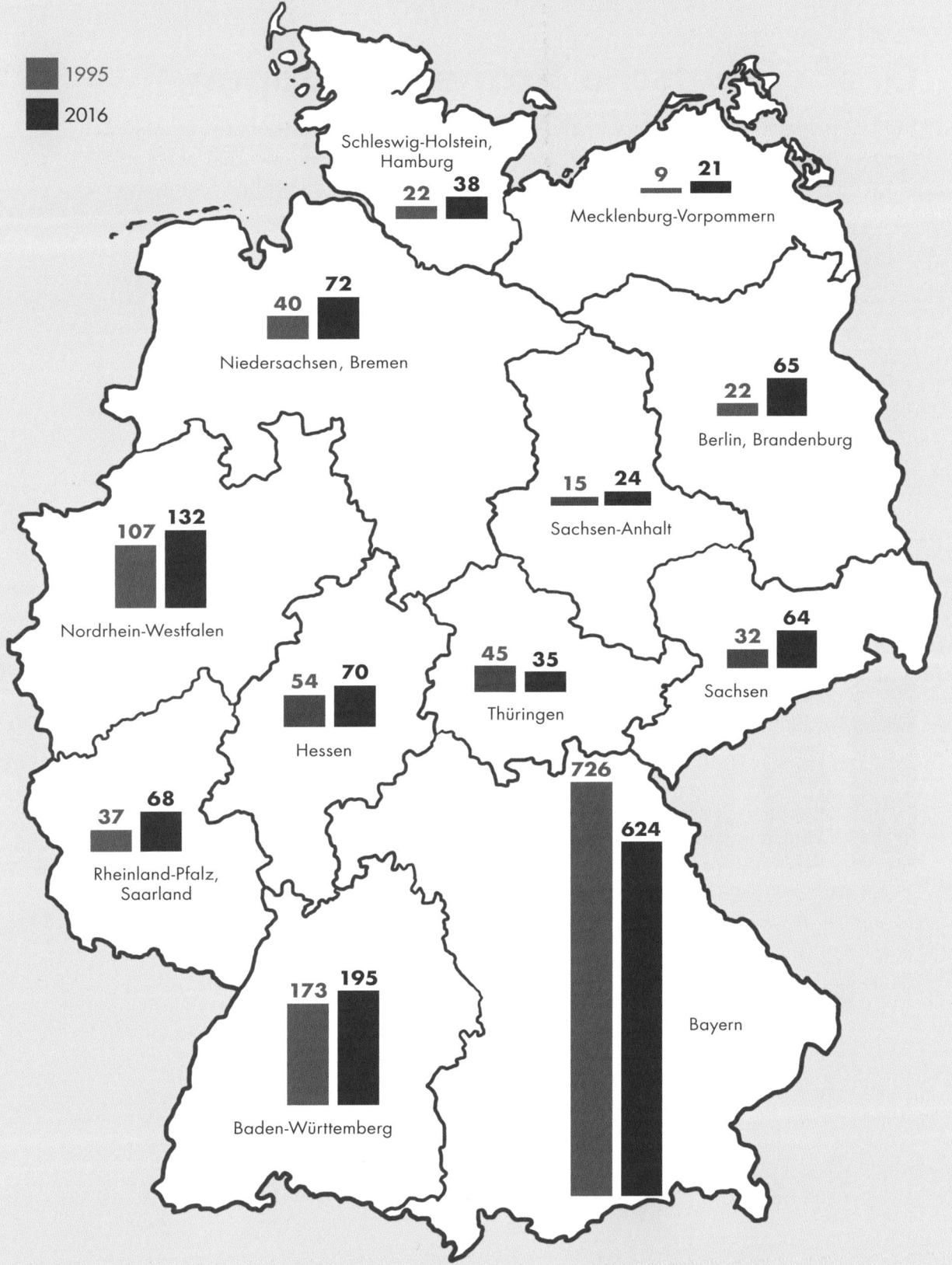

1995
2016

Schleswig-Holstein,
Hamburg
22 38

Mecklenburg-Vorpommern
9 21

Niedersachsen, Bremen
40 72

Berlin, Brandenburg
22 65

Sachsen-Anhalt
15 24

Nordrhein-Westfalen
107 132

Thüringen
45 35

Sachsen
32 64

Hessen
54 70

Rheinland-Pfalz,
Saarland
37 68

Bayern
726 624

Baden-Württemberg
173 195

Quelle: Statistisches Bundesamt

Große deutsche Brauereigruppen

Mit fast jedem Griff ins Bierregal nehmen die Deutschen ein Produkt der Braugiganten heraus. Mehr als 60 Prozent des gesamten Bierabsatzes werden von den zehn größten Brauereigruppen produziert. Diese Traditionsmarken werden im großen Stil gebraut:

Inlandsabsatz in Millionen Hektoliter

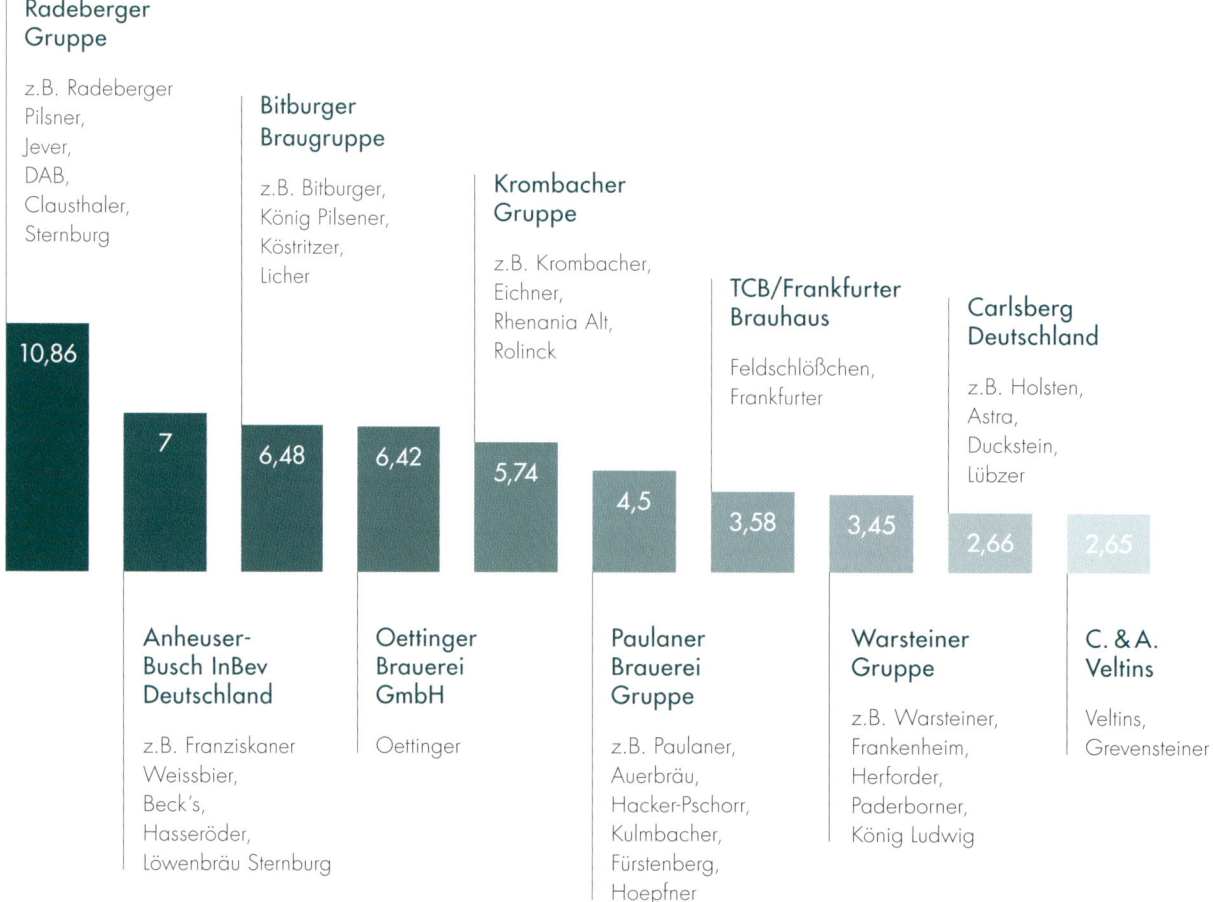

Radeberger Gruppe

z.B. Radeberger Pilsner, Jever, DAB, Clausthaler, Sternburg

10,86

Bitburger Braugruppe

z.B. Bitburger, König Pilsener, Köstritzer, Licher

6,48

Krombacher Gruppe

z.B. Krombacher, Eichner, Rhenania Alt, Rolinck

5,74

TCB/Frankfurter Brauhaus

Feldschlößchen, Frankfurter

3,58

Carlsberg Deutschland

z.B. Holsten, Astra, Duckstein, Lübzer

2,66

Anheuser-Busch InBev Deutschland

z.B. Franziskaner Weissbier, Beck's, Hasseröder, Löwenbräu Sternburg

7

Oettinger Brauerei GmbH

Oettinger

6,42

Paulaner Brauerei Gruppe

z.B. Paulaner, Auerbräu, Hacker-Pschorr, Kulmbacher, Fürstenberg, Hoepfner

4,5

Warsteiner Gruppe

z.B. Warsteiner, Frankenheim, Herforder, Paderborner, König Ludwig

3,45

C. & A. Veltins

Veltins, Grevensteiner

2,65

Heimliche Bier-Hauptstädte

Den Großbrauereien zum Trotz gibt es einige deutsche Städte, in denen man auf den Spuren einer beeindruckenden Braugeschichte wandeln oder auch einfach eine zünftige Bierwanderung machen kann. Hier drei Beispiele:

Bamberg
Bierkultur

In und um das fränkische Bamberg konzentrieren sich Privatbrauereien wie sonst nirgendwo auf der Welt. Hundert Brauereien, Bierkeller, in die man seine Brotstullen mitbringen darf, und ausgedehnte Bierwanderungen – kein Wunder, dass man von der bierkonsumentenfreundlichsten Region Deutschlands spricht. Und das hat Tradition. Urkundlich belegt ist hier der erste Bierausschank für das Jahr 1093, als der Domherr der Stadt in seinem Testament verfügte, dass an seinem Todestag jährlich Freibier ausgeschenkt werden soll.

Aber es war nicht immer so friedlich im beschaulichen Franken, im Jahr 1907 tobte der sogenannte Bamberger Bierkrieg. Eins schon mal vorweg: Es floss kein Blut. Vielmehr war es ein Aufstand gegen die Brauereien der Stadt, die gemeinsam den Bierpreis um einen Pfennig erhöhen wollten – statt zehn Pfennig sollte ein halber Liter plötzlich elf Pfennig kosten. Diese Rechnung hatten die Brauereien ohne zwei Wirte gemacht, die zusammen mit einem Buchhalter einfach auf das günstigere Bier des Nachbarortes Forchheim setzten. Nach einer Woche Ausschank des günstigeren Bieres kapitulierten die Brauereien und zogen die Preiserhöhung zurück. Das Kriegsbeil war begraben.

Einbeck
Bier-Geburtsstadt

Wer heute durch die niedersächsische Kleinstadt spaziert, kann die braugeschichtliche Bedeutung Einbecks nur ahnen. Dabei ist sie allgegenwärtig, denn die hohen, spätmittelalterlichen Fachwerkgiebel, in denen das Getreide gelagert wurde, und die großen Torbögen, durch die Braupfannen und Kutschen passen mussten, zeugen noch heute von den Hunderten Braustätten. War man Hausherr eines solchen Gebäudes, erhielt man eine Brauerlaubnis. Und so reihten sich Brauereien durch die ganze Stadt.

Kein Wunder, dass es die brautüchtigen Einbecker waren, die erstmals Hopfen beim Brauen einsetzten, um das Bier nicht nur geschmacklich zu verändern sondern auch haltbarer zu machen. Das starke „Ainpöckisch Bier" erfreute sich so großer Beliebtheit, dass ein Braumeister nach Bayern abgeworben wurde. Bayrisch „Oanpock" ausgesprochen, war bald der Bierstil Bockbier geboren.

Hamburg
Brauhaus der Hanse

Hamburg. Hö? Ja, Hamburg. Wer hätte es gedacht, dass die Stadt im Mittelalter eine Brau-Hochburg war. Zwischen dem 13. und 15. Jahrhundert gab es in der Hansestadt zeitweise knapp 530 Brauereien, und das bei nur circa 8.000 Einwohnern. Bis zu 574.000 Hektoliter Bier wurden im Jahr gebraut. Bayern saß zu der Zeit im Vergleich mit etwa 5.000 Hektoliter jährlich nahezu auf dem Trockenen.

Der kostbare Trunk wurde über die Hanse-Handelsgemeinschaft bis nach Indien vertrieben, hinter den Stadtmauern steckte sozusagen Europas Bierkeller. Und der hatte sich einen Namen gemacht, das Hamburger Bier war beliebt.

Mit der Auflösung der Hanse, den damit fehlenden Absatzmärkten und einer immer komplizierter werdenden Bürokratie samt hohen Abgaben ging die Zahl der Brauereien deutlich zurück.

AUFS LABEL GEGUCKT

—

Nicht nur die neuen Craft-Beer-Label sind kreative Hingucker, auch die Etiketten & Plakate einiger bekannter Bierlabel erzählen seit Jahrzehnten Geschichten. Manchmal erfinden sie sogar Geschichten.

Die Kogge

Das ist der historische Schiffstyp, mit dem zur Hansezeit nicht nur die Ostsee auf den wichtigsten maritimen Routen von Handelsstadt zu Handelsstadt besegelt wurde. Mit an Bord einer Kogge oft auch Fässer mit dem beliebten, flüssigen Handelsgut: dem in Norddeutschland gebrauten Bier. Es war dieses Bier, das als wichtigstes Exportgut der Hanse ihren Reichtum brachte.

Da ist es wohl kaum ein Zufall, dass dieser Segelschifftyp das Logo des Flensburger Pilsners prägt. Und das findet man nicht nur auf dem Etikett, sondern auch auf dem charakteristischen Bügelverschluss aus Porzellan wieder, dem man den (Durst machenden) Plopp-Laut beim Öffnen der Flasche verdankt. Auf genau diesem Markenzeichen, das den Trend zum günstigeren Kronkorken überdauert hat, findet man das Logo allerdings erst seit den Achtzigerjahren. Vervollständigt wird das Logo durch Turm, Wasser und Löwen – allesamt Elemente des Stadtwappens der norddeutschen Grenzstadt. Mehrfach überarbeitet und aufgehübscht, existiert dieses Logo der 1888 gegründeten Brauerei seit etwa 1937. Damals wurde das Bier noch in sogenannten Einbrandflaschen abgefüllt, auf die das Brauereiemblem mit Siebdruck verewigt wurde. Heute ziert es das Etikett.

Badisches Pin-up-Girl

Das freundliche Schwarzwaldmädel auf der Rothaus-Tannenzäpfle-Flasche ist ein gern gesehener Gast am Tresen. Mit zwei Biergläsern in den Händen, gekleidet in traditioneller Backenhaubentracht, ziert sie seit 1956 das Etikett der Bierflaschen aus dem Hochschwarzwald. Wer genau sie ist, weiß man nicht. Dabei wurde sie die ersten Jahrzehnte fotorealistisch dargestellt, erst mit dem Grafiker Roland Jenne kam 1972 die Neuerung: eine grafische Darstellung mit klaren Farben im nahezu kubistischen Stil. Bis heute unverändert!

Die aufmerksamen Biertrinker diskutieren seitdem aber nicht über die Herkunft der jungen Frau, sondern die Botanik auf dem Etikett: Die sieben Tannenzapfen hängen an einem Zweig, Tannenzapfen wachsen jedoch nach oben, nur Fichtenzapfen hängen. Die Brauerei klärt auf: Ja, es ist eine Fichte. Aber die heißt halt im Schwarzwald auch Rot-Tanne. Rothaus, Rot-Tanne, Tannenzapfen – verstanden? Der Künstler selbst hat eine ganz andere Erklärung. Aufrecht wachsende Tannenzapfen hätten zu sehr Phallus-Symbolen geähnelt und dem Bier einen Aphrodisiakum-Stempel aufgesetzt. Und wem das immer noch nicht als Erklärung reicht, der kippt bitte die Flasche zum Trinken, schon wachsen die Zapfen richtig rum...

Der Schnurrbartträger

Eines Tages im Jahr 1942 entdeckte der Gründer-Neffe der Moretti-Brauerei in seiner Mittagspause in einer Trattoria in Udine einen Mann, der ihm wie gemacht schien als DAS Gesicht für die Bieretiketten der kleinen Brauerei: authentisch, traditionell und markant. Der Unternehmer bat den Mann mit Schnurrbart, ein Foto von ihm machen zu dürfen, selbstverständlich würde er dafür auch zahlen. Der Schnurrbartträger aber gab sich bescheiden und bat nur um ein weiteres Bier. So erzählt es die italienische Brauerei Moretti, die noch heute den Mann mit Schnurrbart als markantes Label auf die Bierflaschen druckt. Tatsächlich handelt es sich um einen Bier trinkenden Bauern aus Thaur in Tirol, den die deutsche Fotografin Erika Groth-Schmachtenberger 1939 porträtiert hat.

Wie dem auch sei, mit genau diesem Schnurrbartträger spielen die Marketingstrategen der mittlerweile zu Heineken gehörenden norditalienischen Brauerei: Zur Fußball-Weltmeisterschaft 2016 brachten sie die Bier-Serie „Campioni col Baffo", also Champions mit Schnurrbart, heraus. Ausnahmsweise wich der vertraute Schnurrbart-Mann anderen Porträts, in diesem Fall berühmten Fußballern, die in der italienischen Liga gespielt und einen Schnurrbart getragen haben.

Das Kind im Krug

Ein Berliner Original mit halb verstecktem Kind im Bierkrug und süddeutschem Klang im Markennamen? Um
diese Marke zu verstehen, muss man einen Blick auf die
Geschichte der Brauerei werfen, die 1872 von sechs
bierbegeisterten Gastwirten, einem Bankdirektor und
einem achten Beteiligten als Vereinsbrauerei Berliner
Gastwirte zu Berlin AG gegründet wurde. Und für die
Braurezepte dieser Brauerei in Rixdorf, dem heutigen
Berlin-Neukölln, war die Münchner Brauart eines hellen
Lagerbiers das geschmackliche Vorbild. Das sollte auch
im Namen des erstmals 1890 gebrauten Pilsners wie-
derzufinden sein: Schon war der Name Berliner Kindl
geboren, eine Anlehnung an das Münchner Kindl, die
offizielle Wappenfigur Münchens.

Das neue Jahrtausend brachte einen größeren Absatz
des Berliner Bieres, und der Wunsch nach einem Markenzeichen wurde bei den Brauereiverantwortlichen
größer. Ähnlich einem Agenturpitch in der heutigen Wer-
bewelt, bei dem die kreativsten Gestalter gewinnen, rief
die Vereinsbrauerei Berliner Gastwirte 1907 einen Wett-
bewerb aus, um das Logo neu zu gestalten. Und es war
der Kunstmaler Georg Räder, der mit seinem Entwurf
überzeugte. Passend zum Markennamen Berliner Kindl
steckt seither nun ein goldlockiges Kind im steinernen
Bierkrug und guckt vorsichtig über den Krugrand.

Der durstige Mann

Eines der bekanntesten Bierplakate wurde vor über hundert Jahren entworfen und löst noch heute beim Betrach-
ten ein Gefühl von trockener Kehle aus: Im Jahr 1900
nahm der dänische Illustrator und Maler Erik Henningsen
an einem Plakatwettbewerb der Brauerei Tuborg teil. Er
reichte ein Motiv ein, auf dem ein älterer, dickbäuchiger
Mann in feinem Zwirn sich am Wegesrand ausruht, den
Spazierstock in der Hand, und sich den Schweiß aus
dem Nacken wischt. Ihm ist heiß, er ist erschöpft, und er
hat, so scheint es, großen Durst. Von einem Bier ist auf
dem Motiv nichts zu sehen, aber spätestens der Schrift-
zug der dänischen Brauerei macht nach nicht allzu lan-
gem Hinsehen Durst auf ein kühlendes Pilsner.

Kurios, aber wahr: Das Motiv des durstigen Mannes,
auf Dänisch heißt es „Den tørstige mand", hat damals
nicht gewonnen, es kam nicht einmal in die engere Auswahl. Aber es fiel dem damaligen Brauereichef Benny
Dessau auf, und der sagte sinngemäß: „Von Kunst hab
ich keine Ahnung, aber das Plakat hier, das ist es!" Und
schon war ein neuer, inoffizieller Gewinner des Plakat-
wettbewerbs entschieden. Und das offenbar mit sehr
viel Bauchgefühl und Weitsicht, denn bis heute gilt das
Plakat der Brauerei als eines der Hauptwerke der Wer-
bung. Kein Wunder, dass man es noch oft in Kneipen als
Wandschmuck wiederfindet.

Der unbekannte Mönch

Wer im Kapitel Biergeschichte aufgepasst hat, wundert sich nicht über Geistliche auf Bierflaschen. Die haben sich die Prominenz auf dem Etikett redlich verdient: Mönche waren die Braumeister des Mittelalters, ihnen verdanken wir die Entwicklung verschiedener Bierstile und die Überlieferung eben dieser Braurezepte, die noch heute unsere Biere prägen.

Wer aber der Mönch auf dem heutigen Etikett der Paulaner-Flasche ist, das weiß man nicht. Das Porträt stammt ursprünglich aus dem Logo der Gebrüder Thomas Brauerei, und die wurde 1928 von der Paulaner Brauerei übernommen. Für die Münchner Traditionsbrauerei verkörpert die Silhouette des fremden Mönchs einen der brauenden Ordensbrüder der Paulaner-Mönche im Kloster Neudeck ob der Au. Und es war das so beliebte Selbstgebraute dieser Mönche, das 1634 den bürgerlichen Brauern Münchens ein Dorn im Auge war. Sie beschwerten sich beim Rat der Stadt. Und sie scheiterten. Schon war mit dem Beschwerdebrief das Paulaner Bier ein erstes Mal offiziell erwähnt. Heute gilt das Jahr 1634 als Gründungsjahr der Paulaner Brauerei.

WAS MAN SONST NOCH SO BRAUT

—

Bananenbier, Maisbier & Co. haben mit den uns vertrauten Brauvorgängen und dem biertypischen Geschmack wenig gemeinsam. Aber die Biere sind auf jeden Fall einen Blick und mindestens einen Probierschluck wert.

Bananenbier

Nein, die Rede ist nicht vom Weizenbier! Das oft breiige Getränk aus Ostafrika, das Bananen-Pombe, wird durch das Fermentieren von reifen Bananen hergestellt. Um ganz genau zu sein, kann es daher auch als Wein-Bier-Hybrid angesehen werden. Geröstete und gemahlene Hirse bringen für dieses Gebräu die wilden Hefen mit sich und verleihen dem Sud einen Bier-Charakter. Ob säuerlich, süßlich oder würzig – die Bananensorten entscheiden über den Geschmack.

Maisbier

Nicht nur in Südamerika, wo die große Biermarke mit dem Limettenritual herstammt, sondern auch in Afrika hat dieses Getränk eine lange Tradition. In Peru lässt sich die Braugeschichte aber bis in die Inka-Zeit zurückverfolgen. Das Chicha, das peruanische Maisbier, trägt auch den Beinamen Spuckebier. Und das nicht ohne Grund, denn tatsächlich wurde einst die Pflanze so lange gekaut, bis die Speichelenzyme die Maisstärke in Zucker umgewandelt hatten. Dann wurde es für die Gärung ausgespuckt. Keine Angst, heute wird dieser Schritt (in den meisten Fällen) ausgelassen … Heraus kommt später ein Bier mit einem Alkoholgehalt, der zwischen einem und sechs Prozent liegen kann.

Reisbier

Natürlich darf auch die älteste Kulturpflanze der Welt nicht fehlen: Kommt die Stärke für den Gärungsprozess aus dem Reiskorn, spricht man von Reisbier. Und das ist in zahlreichen asiatischen Ländern beliebt, und zwar schon seit Jahrtausenden. Da der Reis und das Wasser in nur einem Behälter gleichzeitig verzuckert und vergoren werden, spricht man auch häufig von Reiswein. Als glutenfreie Bieralternative hat es auch in Deutschland seine Fangemeinde.

Hirsebier

Mit dem Spelzgetreide Bier zu brauen, hat auf dem gesamten afrikanischen Kontinent seit Jahrtausenden Tradition. Merisa im Sudan, Tella in Äthiopien, Dolo in Burkina Faso – je nach Region trägt es einen anderen Namen und wird auch unterschiedlich hergestellt. Mitunter wird es durch andere Zutaten verfeinert, sodass die Hirsebiere in Alkoholgehalt und Geschmack stark voneinander variieren. Meistens schmeckt es erfrischend säuerlich. Allen Bieren gleich ist die Herstellung durch die Keimung und anschließende alkoholische Gärung des Getreides Hirse. Getrunken wird es aus Kalebassen-Halbschalen, den ausgehöhlten und getrockneten Hälften des Flaschenkürbisses.

für
Biertester

—

Wer mal mit einem echten Weinkenner an einer Weinprobe
teilgenommen hat, kennt den Wunsch, selbst auch einmal all diese
Nuancen herausschmecken und beschreiben zu können.
Dieses Kapitel liefert das Handwerkszeug, mit dem man bei
der nächsten Bierverkostung eine gute Figur macht.

HOW TO
Mit allen Sinnen trinken

—

Plötzlich sind da Lakritz, Holunderblüte und Pfeffer: Über 2.000 Aromen stecken in Bier – mehr als in Wein übrigens. Das ist Fakt. Und diese Vielfalt möchte man natürlich auch herausschmecken. Voraussetzung dafür ist nicht nur eine gute Sensorik, auch Übung steckt dahinter. Sehen, riechen, schmecken und dann irgendwie in Worte fassen – das lässt sich trainieren.

Sehen

Der Blick in Glas oder Krug fällt als Erstes an: Farbton und Klarheit geben uns den ersten Eindruck bei einer Verkostung. Klar, dunkles ist von hellem Bier schnell unterschieden, unfiltriert von filtriert auch, aber es gibt noch viel mehr Abstufungen von Goldfarben über Bernsteinfarben bis Kohlschwarz, von klar bis naturtrüb, die wir sehend definieren können. Auch einen Blick wert: der Bierschaum. Beim Schaum werden Volumen, Stabilität und Porengröße beschrieben. Ist er eher cremig oder luftig? Haftet er am Glas?

PLOPP!

—

Gluck, Gluck, Gluck, Gluck: Auch der Hörsinn kann beim Biergenuss eine nicht unwichtige Rolle spielen.

Riechen

Millionen von Riechzellen machen es möglich: Der Geruchssinn gibt bei der Bierdegustation den Ton an, denn er „schmeckt" viel mehr als unser Mund. Um nicht zu sagen: Geschmack ist tatsächlich zu etwa 80 Prozent Geruch. Wer also das volle Bouquet eines Bieres erfassen möchte, nutzt im zweiten Schritt sein talentiertes Riechorgan. Hopfen, Malz, Kräuter, Früchte – welche Aromastoffe dominieren das Bier?

Schmecken

Und endlich kommen die Geschmacksnerven an die Reihe. Dieser Sinn ist zwar vergleichsweise schwach ausgeprägt, bildet aber mit dem Geruchssinn zusammen ein echtes Dreamteam. Tausende Geschmacksknospen auf der Zunge, aber auch im Gaumen sind für die Sinneswahrnehmung zuständig. Beim Schmecken macht die Kombination der Grundgeschmacksrichtungen süß, sauer, bitter und salzig das Gesamtbild aus. Die Malzsüße und das bittere Hopfenaroma werden von den Geschmacksrezeptoren mit als Erstes ermittelt. Schmeckt das Bier genau so, wie es riecht?

HOW TO
Das Tasting

—

Eins Vorweg: Bei einer Bierverkostung wird im Gegensatz zur Weinprobe das Getränk nicht ausgespuckt. Das heißt aber trotzdem: genau hinsehen, riechen und schmecken, egal, wie groß gerade der Durst ist. Wie das funktioniert, erklären wir en detail.

Die Vorbereitung

- gut gelüfteter Raum, gute Beleuchtung

- Weißbrot und Wasser zum Neutralisieren bereitstellen

- bloß keine staubigen, nach Schrank riechenden Gläser andecken, stattdessen gut säubern und mit klarem Wasser ausspülen

- möglichst kein Parfum tragen

- zuvor keine intensiven Speisen essen, keinen Kaffee trinken, auch Rauchen beeinträchtigt den Geschmack

- Verkostungsbogen vorbereiten

Hinsehen

Damit man genau sieht, was man verkostet, muss das Bier zunächst raus aus der Flasche, dem Fass oder der Dose. Ein sauberes Glas etwas schräg halten und das Bier langsam einfüllen. Dann vor einem weißen Hintergrund in eine helle Lichtquelle halten und beschreiben. Ganz in Ruhe, so lässt es sich im Anschluss noch besser genießen.

Farbspektrum

Die meisten Bierstile haben einen für sie typischen Farbwert, oder besser gesagt: eine Skala an Farbwerten. Ganz exakt definieren kann man die Farbstärke eines Bieres mit dem EBC-Wert. EBC steht für European Brewery Convention, das heißt also, dass in ganz Europa diese durchnummerierte Farbskala gilt. Dieser offizielle Wert kennzeichnet in Abstufungen, wie viel Licht vom Bier eines bestimmten Stammwürzegehalts absorbiert wird.

Wer keinen entsprechenden Farbfächer zur Hand hat, kann aber auch mit ganz normalen Farbbezeichnungen beschreiben, zum Beispiel lichthell, hellgelb, sattgelb, goldgelb, bernsteinfarben, kupferfarben, rubinrot, goldbraun, hellbraun, dunkelbraun, schwarzbraun und kohlschwarz. Übrigens: Auch die Strahlkraft einer Bierfarbe kann beschrieben werden.

Bierklarheit

Zwickel, Weizenbier & Co.: Je nach Bierstil kann eine Trübung durchaus erwünscht sein, wenn es sich wie bei diesen beiden Beispielen um ungefilterte Biere handelt. Biere, aus denen die Schweb- und Trübstoffe herausgefiltert wurden, haben hingegen einen feinen Glanz.

Eine beginnende Trübung kann mit „opal" beschrieben werden. So reicht die Spanne der Bierklarheit von glanzfein, blank über leicht opal, opal bis hin zu gleichmäßig trüb. Letzteres erinnert dann mitunter an naturtrüben Apfelsaft – aber selbstverständlich nur optisch.

Bierschaum

Von den Deutschen liebevoll Bierblume genannt, sind die Dichte und Langlebigkeit des Schaums für viele Bierstile ein Qualitätsparameter. Aber auch hier gibt es große Unterschiede von Bierstil zu Bierstil. Mal ist der Schaum fest, aber nur von kurzer Haltbarkeit wie bei der Berliner Weißen, ein anderes Mal eine haltbare baiserartige Krone wie beim Düsseldorfer Altbier.

Der Bierschaum kann kompakt oder luftig sein, fein-, grob- oder mischporig, sahnig oder cremig. Auch einen Blick wert: Welche Farbe hat der Schaum? Ist er cremeweiß oder eher bräunlich?

Riechen

Nun hatte das Bier im Glas etwas Zeit, die Kohlensäure hat Aromen an die Oberfläche getragen, und sie konnten sich entfalten. Im besten Fall ist auch der Schaum schon etwas zerfallen, um noch mehr Aromen freizulassen.

Das Glas leicht schräg halten und langsam um seine Längsachse schwenken. Aber nur kurz, damit die Kohlensäure sich nicht verabschiedet. Und nun riechen, am besten mit leicht geöffnetem Mund und mit einer Schnüffeltechnik, bei der die Gerüche mit kurzem Einatmen auf die Riechzellen in der Nase verteilt werden. Wichtig ist dabei, dass man vermeidet, in das Glas hinein auszuatmen. So, nun sind die Erwartungen an das Bier geschürt! Riecht es eher malz-, alkohol- oder hopfenaromatisch? Duftet das Bier nach Früchten oder Gewürzen?

ÜBRIGENS

Das Riechen durch die Nasenlöcher ist die sogenannte orthonasale Wahrnehmung. Und die wird ergänzt durch die retronasale Wahrnehmung, die uns bewusst wird, wenn das Riechen das Schmecken unterstützt. Und das merkt man spätestens, wenn man mit einem ordentlichen Schnupfen Bier trinkt: Man schmeckt kaum etwas. Tatsächlich ist es so, dass die Aromen eines Schluckes Bier aus der Mundhöhle über den Rachen in die Nase aufsteigen. Hier geben die Sinneszellen der Nase die Information wie zum Beispiel „Schmeckt nach Lakritz" an das Gehirn weiter.

Schmecken

Beim Schmecken des Bieres werden drei Faktoren unterschieden, die nicht zwangsläufig drei Schlucken entsprechen, sondern auch in einem (großen) Schluck wahrgenommen werden können. Alle drei Faktoren zusammen ergeben den Gesamteindruck beim Schmecken. Für gewöhnlich kommen erst die sanfteren Noten eines Bieres zur Geltung, später dann die herberen Aromen.

① Antrunk

Beim Antrunk geht es um das allererste Gefühl, also das Mundgefühl des Getränks. Die sogenannte Rezenz beschreibt den Frischeeindruck, dabei steht die enthaltene Kohlensäure im Vordergrund. Fühlt es sich spritzig, leicht moussierend oder eher fad an – prickelt die Kohlensäure auf der Zunge, oder spürt man nur feine Bläschen am Gaumen? Auch der Säuregehalt des Bieres und die Hopfenbittere spielen bei der Rezenz mit hinein.

Außerdem geht es darum, den Körper eines Bieres, den Gefühlseindruck im Mund, zu beschreiben. Wie vollmundig schmeckt es? Ausschlaggebend ist vor allen Dingen der Stammwürzegehalt des Bieres, aber auch die Eiweißverbindungen des Malzes spielen eine große Rolle. Es gilt: Je höherprozentiger, desto vollmundiger – ein alkoholarmes Bier zum Beispiel schmeckt leicht und irgendwie leer.

② Haupttrunk

Nun geht es um den Geschmack, und zwar nicht nur um die bekannten Geschmacksrichtungen süß, sauer, salzig und umami. Auch erste Aromen kommen zur Geltung, dabei unterstützt der Geruchssinn erheblich den Geschmackssinn.

Jetzt kann man sich an ein paar Fragen an die eigene Wahrnehmung entlanghangeln: Schmeckt das Bier, wie es riecht? Was schmeckt man im ersten Moment, und welche Aromen setzen erst etwas später ein?

Es gibt einen kleinen Trick, um das aromatische Gesamtbild eines Bieres besser erfassen zu können. Dazu den Mund beim Runterschlucken zulassen und langsam durch die Nase ausatmen. So schmeckt man das Aroma retronasal am intensivsten heraus. Das heißt, man nimmt die verschiedenen Aromen über Mund und Rachenraum in die Nase aufsteigend deutlicher wahr.

③ Nachtrunk

Last, but not least: das Gefühl, wenn das Bier vor dem Herunterschlucken den Mundraum verlässt. Beim Nachtrunk widmet man den Bitternoten des Hopfens besondere Aufmerksamkeit. Macht Sinn, schließlich erreicht das Bier den hinteren Teil der Zunge und den Gaumen bzw. die Rachenschleimhaut. Und hier liegen die Geschmacksknospen, mit denen man bevorzugt Bitterkeit wahrnehmen kann. Im Nachtrunk bewertet man auch, ob die Bittere lang anhält.

Ein gutes Bier macht übrigens spätestens jetzt Lust auf mindestens noch einen Schluck …

TIPP

Zwischen den Schlucken das Glas noch einmal kurz schwenken und riechen. Oft entfalten sich noch weitere Aromen.

Aromen, die man schmecken & riechen kann

Malz, Hopfen und Hefe haben es ganz schön in sich, zumindest auf der Aromaebene, und verleihen so in der Kombination jedem Bier einen besonderen Geschmack. Über 2.000 Aromen lassen sich erschmecken und erriechen – hier ein paar Aromen zum Entdecken.

AROMATISCH

ALKOHOL	Cognac	Sherry	Whisky		
GERÖSTET	Kaffee	Espresso	Mokka	Toast	Röstmandeln
GERÄUCHERT	Rauch	Schinken	Leberwurst	Speck	

BIOLOGISCH

MILCHPRODUKTE	Butter	Buttermilch	Joghurt	Eiscreme
BROTIG	Schwarzbrot	Hefe	Biskuit	Keks

FRUCHTIG

ZITRUS-FRÜCHTE

Zitrone   Grapefruit   Orange   Mandarine   Zitronenschale

BEEREN-FRÜCHTE

Himbeere   Johannisbeere   Erdbeere   Brombeere   Stachelbeere

Traube

KERNOBST

Apfel   Birne   Quitte

TROPISCHE FRÜCHTE

Mango   Banane   Ananas   Melone   Maracuja

Litschi

STEINOBST

Kirsche   Pflaume   Pfirsich   Aprikose

DÖRROBST

Pflaume   Rosine

145

PFLANZLICH

GEMÜSE

Rübe Paprika Suppengrün Tomate Zwiebel

BLÜTEN

Lavendel Rose Jasmin Holunder Nelken

Geranien

PFLANZEN

Hopfen Gras Heu Harz Getreide

Wacholder Malz Zitronengras Tabak Erde

Tannennadeln Melisse Cannabis

KRÄUTER

Lorbeere Thymian Basilikum Schnittlauch Estragon

Minze Koriander

WÜRZIG

GEWÜRZE

Gewürznelke   Muskat   Anis   Zimt   Pfeffer

Tonkabohne   Vanille   Salz

SÜSSES

Schokolade   Honig   Lakritz   Karamell   Kakao

Eisbonbon   Weingummi   Nougat   Marshmallow

NÜSSE

Mandel   Haselnuss   Walnussschale   Marzipan   Pistazie

BIERFEHLER

STECHEND SCHWEFLIG

Essig   unreifer Apfel   gek. Gemüse   Stinktier   faule Eier

MUFFIG

Pappkarton   Katzenurin   Schimmel

Tastingvokabeln

Am besten beschreibt man das Bier mit eigenen Worten. Wer aber doch etwas wohlklingend die Tastingrunde bereichern will, der kann aus diesem Repertoire etwas Passendes picken.

BIER-TASTING-PAPIER

Name: ....   Datum: ....

OPTIK

Farbe: .... + EBC-Wert ....

Klarheit: ☐ glanzfein ☐ blank ☐ opal ☐ trüb ☐ ....

Schaum: ☐ feinporig ☐ großporig ☐ cremig ☐ lange haltbar ☐ ....

Schaumfarbe: ....

GERUCH

☐ hopfenaromatisch ☐ alkoholaromatisch ☐ malzaromatisch ☐ ....

Aromen, die man riechen kann: ....

GESCHMACK

Hopfenbittere: leicht   mittel   stark

Malzigkeit: leicht   mittel   stark

Aromen, die man schmecken kann: ....

Antrunk: ☐ vollmundig ☐ leicht ☐ wässrig ☐ ....

Rezenz: ☐ schwach ☐ prickelnd ☐ stark ☐ ....

Nachtrunk: ....

Gesamteindruck:

BIERFEHLER
Voll daneben
—

Ein erster Riecher oder Schluck und schon ist klar: Da ist was nicht ganz rund gelaufen mit dem Bier! Wenn es unangenehm schmeckt oder riecht, dann nennt man das Bierfehler. Dahinter stecken meist Unregelmäßigkeiten beim Brauen, irgendwas ist danebengegangen beim Gären oder Lagern. Wir erklären sechs typische Bierfehler.

Es schmeckt unangenehm ranzig!

Hinter diesem Fehlgeschmack steckt die Verbindung Diacetyl, die während der Gärung aus einem Stoffwechselprodukt von Hefen und Bakterien entsteht und somit eigentlich in allen Bieren enthalten ist. Stimmt die Dosis, gilt ein Bier mitunter als besonders vollmundig – gewünscht ist diese buttrige Note unter anderem bei böhmischen Pilsbieren wie Pilsner Urquell. Ist die Menge an Diacetyl jedoch zu hoch, handelt es sich um einen Bierfehler. Aus buttrig und vollmundig wird dann eher süßlich butterartig und im schlimmsten Fall sogar ranzig.

Es riecht und schmeckt stechend!

Ein stechender Geschmack und Geruch nach unreifem, grünem Apfel ist ein deutliches Zeichen für einen zu hohen Gehalt an Acetaldehyd. Diese Verbindung entsteht während der Gärung als Nebenprodukt, daher enthält jedes Bier Acetaldehyd als Geschmacksgeber, allerdings in geringer Konzentration. Zu viel davon, schon wird es zum Bierfehler. Ursache für die unerwünschte Geschmacksnuance ist meist eine zu kurze Lagerzeit oder eine gestresste Hefe. Übrigens gilt die Verbindung auch als Mitverursacher des Katers am nächsten Morgen.

Es riecht gemüsig oder krautartig!

Das Bier riecht nach gekochtem Gemüse, Sellerie, Zwiebeln oder Kohl? Und Hefe dominiert den Geschmack? Das spricht für Dimenthylsulfid, eine schwefelhaltige Verbindung, die beim Kochen von einigen Getreide- und Gemüsesorten entsteht. Beim Brauen ist es demnach das Malz, das Dimenthylsulfid ins Spiel bringt, wenn die Würze bei falscher Temperatur oder zu kurz gekocht wurde. Man sollte sich beim Selberbrauen unbedingt an die lange Kochdauer der Würze halten, damit man nicht von gemüseartigen Fehlaromen überrascht wird.

Es schmeckt hefig!

Dominiert beim ersten Schluck die Hefe, deutet das auf eine unvollständige Gärung hin. Der sogenannte Jungbiergeschmack kommt vor, wenn die empfohlene Temperaturführung beim Gären nicht eingehalten wurde oder die Hefe nicht genug Zeit hatte, sich abzusetzen. Ausnahme: Bloß nicht beim Weizenbier meckern.

Es schmeckt pappig!

Ein muffiger Pappgeschmack wie von einem nassen Bierdeckel, auf dem das Bierglas steht? Das spricht für einen möglichen Fall von Überalterung bei zu warmer oder auch zu langer Lagerung und einer damit verbundenen Oxidation von Fettsäuren. Der Übeltäter, der hinter diesem Bierfehler steckt, ist die chemische Verbindung E-2-Nonenal.

Es stinkt!

Zu starkes Sonnen- oder Kunstlicht kann dem Bier einen ranzigen bis stinkenden Geruch und Geschmack verleihen. Das ist der sogenannte Lichtgeschmack oder schlichtweg Stinktier-Geruch. Dieser Bierfehler erklärt auch, warum der Gärbehälter vor Licht geschützt wird und Bier (meist) lichtgeschützt in Braunflaschen abgefüllt wird.

für
Bierbewusste

—

Bierbauch hin oder her:
Wer Bier in Maßen konsumiert, der kann sich mitunter
gesund, schön und entspannt trinken.

SO VIEL GUTES STECKT IM BIER
Rohstoffe und ihre Wirkung

—

Dass Hopfen allerhand Wertvolles mit sich bringt, haben wir schon angedeutet. Aber in einem Bier steckt weitaus mehr als nur die Kraft der Hopfendolden – auch die winzig kleinen Hefezellen haben es in sich!

Ein Hoch auf den Hopfen

Dem Bier verleiht der Hopfen Bittere und Aromen, er stabilisiert die Schaumkrone und macht es haltbar. Diese gesteigerte Haltbarkeit von Getränken erwähnte die heilige Hildegard von Bingen bereits im 12. Jahrhundert in ihren Schriften. Und nicht ohne Grund hat die Klosterfrau den Hopfen auch in ihren (noch heute lesenswerten) Schriften zur Naturheilkunde ausführlich beschrieben. Denn die Pflanze kann viel mehr. 2007 wurde Hopfen sogar zur Arzneipflanze des Jahres gewählt.

Wie beim Brauen steckt auch die naturmedizinische Kraft der Pflanze in den weiblichen Dolden. Und das Gute ist: Ein kleines bisschen der heilenden und entspannenden Kräfte ist auch in einem Glas Bier enthalten – zum Wohl. Hauptsache, man trinkt es genießerisch dosiert und nicht in rauen Mengen.

Wirksamer Schlummertrunk

Es sind nicht nur die Hopfenöle, sondern auch die Bittersäuren, die eine nervenberuhigende und schlaffördernde Wirkung haben, die schon im 18. Jahrhundert von Medizinern entdeckt wurde. Man geht davon aus, dass der Hopfen den gleichen Effekt hat wie Melatonin, unser körpereigenes Schlafhormon. Oft zusammen mit Baldrian eingesetzt, kann man Hopfen in Form von Tee einnehmen. Dafür ein Teesieb mit einem Esslöffel getrockneter Hopfenblüten mit 1/4 Liter kochendem Wasser übergießen und den Tee 15 Minuten ziehen lassen. Den Hopfentee etwa eine halbe Stunde vor dem Schlafengehen trinken. Für einen stärkeren Effekt kann man die Hopfenblüten mit Baldrian kombinieren. Außerdem gut zu wissen: Der Effekt setzt erst richtig ein, wenn man den Tee regelmäßig über einen Zeitraum von mindestens zwei Wochen zu sich nimmt.

Bakterien ade!

Die Bittersäuren der Dolde können noch viel mehr: Sie sind entzündungshemmend und antibakteriell. Vor allem dem Bitterstoff Humulon konnte eine entzündungshemmende Wirkung nachgewiesen werden. Diese Pflanzenkraft haben Indianervölker Nordamerikas schon früh erkannt: Sie setzen Hopfen bei Zahn- und Halsschmerzen ein. Aber auch in Omas Hausapotheke darf Hopfen nicht fehlen. Der Klassiker ist der lindernde Effekt von warmem Bier bei Erkältungsbeschwerden. Dafür Bier, am besten Bockbier, etwas erwärmen, mit einem Löffel Honig verrühren und trinken. Aber warmes Bier wirkt auch bei einer lästigen Blasenentzündung antibakteriell und zugleich harntreibend. Für beide Notfallrezepte gilt: Bitte nur in Maßen trinken.

Überraschende Hefe

Auch der kleine, einzellige Pilz kann mehr als nur den wichtigen Gärungsprozess in Gang setzen und mit einer Vielzahl an Aromen den Geschmack eines Bieres bereichern. Die Hefe liefert außerdem wertvolle Nährstoffe. Vor allem in ungefilterten Bieren wie dem Zwickel oder dem Weizenbier steckt ihre Kraft. Wie ein Mini-Speicherorgan hat sie jede Menge Mineralstoffe und Vitamine im Gepäck, dazu gehören unter anderem knochenstärkendes Calcium, Vitamin B für einen reibungslosen Stoffwechsel und unschlagbare Haut-Vitamine wie Biotin und Folsäure, die nicht nur für die Zellerneuerung notwendig sind, sondern auch für die Blutbildung. Man könnte die Bierhefe als ein kleines, biologisches Wunder bezeichnen! Wen wundert es da, dass es die Hefe als Abfallprodukt aus der Bierherstellung als Nahrungsergänzungsmittel zu kaufen gibt. In Form von Flocken, mit denen nicht nur Vegetarier und Veganer Rezepte verfeinern, oder auch ganz simpel in Tablettenform gepresst, sagt man der Bierhefe eine Reihe von positiven Effekten nach. Den Cholesterinspiegel regeln, die Darmflora stärken oder bei Verstopfung helfen? Für die Hefe, so sagt man, kein Problem.

Bier als Glücksbringer

Ein Schluck Bier und schon schüttet das Gehirn vermehrt den Botenstoff Dopamin aus, unser körpereigenes Glückshormon. Nicht schlecht, oder? Das haben zumindest amerikanische Forscher der Universität Indiana bei einer Studie mit Männern und ihrem Lieblingsbier nachgewiesen. Aber es wird noch besser: Über das Gerstenmalz kommt die Substanz Hordenin ins Bier, und die hat eine ähnlich stimmungssteigernde Wirkung wie Dopamin. Aber Obacht: Durch mehr Bier wird der Effekt nicht zwangsläufig verstärkt ...

DIY-TIPP

Kleine Einschlafkissen aus weichem Baumwollstoff, in die getrocknete Hopfenblüten und etwas Lavendel genäht sind, sorgen für einen beruhigenden Einschlaf-Duft. Einfach neben das große Kopfkissen legen und schnuppern.

WELLNESSFAKTOR
Bier entspannt

—

Heubad, Schlammpackung und Schaummassage kann ja jeder! Bier zeigt sich auch auf der Wohlfühlebene ganz schön vielseitig.

Bier-Spas zum Abtauchen

Wer so viel heilendes Potenzial hautnah erleben möchte, kann in Bier-Spas und Bier-Hotels einchecken. Hier ein paar Destinationen für entspannende Kurztrips, die den Wellnessfaktor des Hopfensafts für ganz besondere Anwendungen nutzen.

Deutschland, Brandenburg

Erst ein belebendes Ganzkörper-Peeling mit Treber vom Brauen für die Durchblutung der Haut, dann ein Bierbad nach Rezeptur des Hauses im zweihundert Jahre alten Kellergewölbe und im Anschluss eine Kosmetikbehandlung mit hautpflegenden Bier-Cremes – das gibt es im Südosten Brandenburgs zwischen idyllischen Berghängen im Landhotel Kummerower Hof in Neuzelle. Zur Einstimmung kann man an einem Schwarzbierlikör nippen, aber auch ein Frischgezapftes aus der nur wenige Kilometer entfernten Neuzeller Klosterbrauerei darf nicht als kulinarisches Erlebnis fehlen. *www.bierbad.de*

Deutschland, Bayern

Auf der bierschen Wellness-Landkarte darf ein zünftiges bayrisches Wirtshaus natürlich nicht fehlen. Und das Gut Riedelsbach nahe der österreichischen und der tschechischen Grenze lässt an einem verlängerten Wochenende kaum einen Bierliebhaber-Wunsch unerfüllt. Neben Schwarzbierbad, Sauna mit Hopfendolden-Aufguss und Treber-Peeling gibt es in diesem Bierhotel auch die geballte Bierexpertise. Der Wirt ist Biersommelier und betreibt das Hotel auch mit Liebe zum kulinarischen Detail, sodass beim Abendessen die begleitenden Biere zum Menü nicht fehlen werden. *www.gut-riedelsbach.de*

Island, Dalvik

Bierbad mit Aussicht auf den Fjord – das gibt es im Björbödin Spa in einem kleinen Fischerort im Norden Islands. In großen Holzbottichen ist Platz für zwei, on top gibt es eine spektakuläre Aussicht auf den Fjord Eyjafjörður. Genau genommen badet man in Würze, also Bier vor dem Gärungsprozess, die aus der benachbarten Brauerei Bruggsmiðjan stammt. Vermengt mit einer Extraportion Brauhefe, Hopfen und Ölen, wird das Bierbad zum Jungbrunnen. Und wer Bierdurst hat, kann sich beim Baden selbst ein Bier aus der griffbereiten Schankanlage am Holzbottich zapfen. *www.bjorbodin.com*

Tschechien, Karlsbad

Bier-Spas sind in Tschechien keine Seltenheit, es gibt sie sogar als Bier-Spa-Kette in mehreren Städten. Ein rustikaler Wellnesstempel dieser Art ist das Bierbad in Karlsbad. Hier kann man für ein paar entspannte Stunden einchecken, bei einem bierseligen Blubberbad in urigen Eichenholzbottichen relaxen und sich im Anschluss auf einem Bett aus echtem Weizenstroh ausstrecken, während im Kamin ein wärmendes Feuer lodert. Was natürlich im Mutterland des buttrigen Pils nicht fehlen darf: Dazu gibt es böhmisches Pils satt und frisches, hausgemachtes Bierbrot. *www.pivnilazne-kv.cz*

Wellness-Tipps für zu Hause

Wer sich den Wellnessfaktor Bier in seine eigenen vier Wände holen will,
ist mit einem Sixpack Bier und etwas getrocknetem Hopfen bestens vorbereitet.

Bier-Bad-Rezept für die Haut

Bereits im Mittelalter hat man Bier nicht nur getrunken,
sondern auch als Badezusatz eingesetzt. Keine große
Überraschung, wenn man bedenkt, dass Hopfen damals
schon als Heilpflanze bekannt war. Aber im Bier steckt
noch viel mehr als nur die beruhigende und antiseptische
Wirkung des Hopfens. Die natürliche Kohlensäure zum
Beispiel verbessert die Durchblutung der Haut, während
die Bierhefe mit all ihren Vitaminen und Spurenelementen regenerierend wirkt, auch bei Hautproblemen wie
Ekzemen und Akne. Und das gehört ins Badewasser:
etwa drei Liter dunkles Bier und ein paar Tropfen Hopfenöl. Alternativ kann man auch getrocknete Hopfendolden in einem Teeei dazugeben. Nach dem Bad den
dünnen Film auf der Haut nicht abduschen, sondern einziehen lassen.

Haarwäsche mit Glanzeffekt

Der Klassiker unter den Schönheitstipps mit Bier ist: Die
Haare nach dem Waschen mit etwas verdünntem, hellem Bier spülen. Das sorgt für einen schönen Glanz.
Nicht ausspülen übrigens, der Biergeruch verfliegt recht
schnell. Man kann aber auch das Komplettprogramm
durchziehen und das Haar vorher mit Bier waschen. Das
ist ein super Pflegetipp für strapaziertes Haar, denn sowohl Malz als auch Hopfen enthalten viel Eiweiß.

Und so geht's: 100 Milliliter Bier in einen Topf geben,
erhitzen und mindestens 15 Minuten köcheln lassen,
sodass es auf die Hälfte der Menge reduziert wird.
Komplett abkühlen lassen. 100 Milliliter normales Shampoo in eine Schüssel füllen, das Bierkonzentrat mit dem
Shampoo vermengen und mithilfe eines Trichters in eine
leere Shampooflasche füllen. Damit kann man das Haar
nun wie gewohnt shampoonieren. Fertig! Wer noch
nicht genug hat, kann Bier auch als Festiger anwenden:
Einfach helles Bier in eine Sprühflasche geben und auf
das trockene Haar sprühen. Es verleiht dem Haar natürlichen Halt.

Bier-Yoga – achtsam mit der Bierflasche

Wer auf der Suche nach der inneren Mitte und höheren Sphären ist, der ist hier falsch. Aber wer es nicht bierernst nimmt und Lust auf ein paar herausfordernde Yogaübungen – mit der Bierflasche stets in Reichweite – hat, sollte es mal ausprobieren.

Ursprung liegt im Retox

In den USA ist die Gesundheits-Philosophie „Retox" schon seit mehreren Jahren beliebt. Dabei geht es kurz gesagt darum, dass man nicht nur verzichtet, sondern sich auch mal etwas Schönes gönnt. Also Schluss mit der Selbstkasteiung durch strenge Diät- und Trainingspläne und stattdessen zwischendurch auch mal genießen und sich belohnen. Und welche Belohnung ist besser geeignet als ein Bier nach dem Training? Schnell war die Kombination aus Yogaübungen und Biertrinken geboren. Praktiziert wird Bier-Yoga in den verschiedensten Locations wie zum Beispiel in Musikclubs, öffentlichen Parks und Brauereien. In Deutschland ist der Trend relativ neu. Wer es ausprobieren will, findet zum Beispiel unter *www.bieryoga.de* Veranstaltungen in Berlin und auch mal in anderen deutschen Städten.

Und so funktioniert's

Tatsächlich kommt die Bierflasche mit auf die Matte und wird in die Übungen integriert. Dabei wird der Klassiker Sonnengruß zum Biergruß, die Plank-Pose zur Bierbank. Die Flasche wird balanciert, man stützt sich auf sie – und natürlich wird auch daraus getrunken. Prost!

PERSÖNLICHES FAZIT:

Erheiternd mit energetisierendem und leicht berauschendem Effekt!

HOCH IM KURS:
alkoholfreies Bier

—

Der Trend zur bewussten Ernährung, beliebtes Sportgetränk und immer größere Vielfalt: Kein Wunder, dass der alkoholfreie Bierdurst in Deutschland seit Jahren steigt.

F ür mich bitte ein Alkoholfreies!", das hatte früher einen faden Beigeschmack. Heute sieht es aber für alle Alkoholmüden, Schwangeren und Autofahrer schon sehr viel besser aus, denn die Vielfalt an Marken und auch an Bierstilen, die ohne Umdrehungen gebraut werden, hat in den letzten Jahren enorm zugenommen. Über 400 Marken, so schätzt man, gibt es allein auf dem deutschen Markt. Kein Wunder, dass laut Deutschem Brauer-Bund mittlerweile jeder zwanzigste in Deutschland hergestellte Liter Bier alkoholfrei ist. Wobei … ganz ohne Alkohol geht es dann doch nicht. Dazu aber gleich mehr.

Selten eine Nullrunde

Greift man zum Alkoholfreien, gilt: Bis zu 0,5 Volumen-Prozent Alkoholgehalt dürfen laut Gesetz drin sein. Das ist aber auch nicht ganz unwichtig, da die biertypischen Aromen bei der Gärung entstehen, zudem ist Alkohol ein wichtiger Geschmacksträger. Wissenschaftliche Untersuchungen haben ergeben, dass geringe Mengen Ethanol in der Größenordnung unterhalb der 0,5-Grenze keinerlei physiologische Auswirkungen auf den Körper haben. Man müsste schon riesige Mengen alkoholfreies Bier trinken, um eine alkoholische Wirkung zu spüren. Übrigens enthalten sogar Fruchtsäfte, Brotsorten und reife Bananen oft einen Restalkoholgehalt aufgrund von Gärung.

So braut man's

Es gibt verschiedene Verfahren. Eine mögliche Braumethode ist, den Gärungsprozess bei maximal 0,5 Prozent Umdrehungen durch Erhitzung zu stoppen. Bei einer anderen Methode wird das Bier klassisch gebraut und der Alkohol erst im Nachhinein entzogen. Das gelingt unter anderem durch sogenannte Umkehrosmose-Verfahren, bei denen durch feinporige Membranen Alkohol und Wasser aus dem Bier herausgepresst werden. Die geschmackstragenden Inhaltsstoffe bleiben zurück und werden anschließend mit reinem Wasser bis zum gewünschten Alkoholgehalt aufgefüllt. Auch möglich: die Anwendung neu gezüchteter Hefestämme mit einem niedrigen Vergärungsgrad.

Sportlergetränk

Fehlt an kaum einer Marathon-Ziellinie: das (kalorienarme) Alkoholfreie als Durstlöscher. Mit jede Menge Mineralstoffen im Gepäck macht es den eigentlichen isotonischen Sportgetränken Konkurrenz. Aber auch das heute immer stärker ausgeprägte Gesundheits- und Fitnessbewusstsein feuert den Beliebtheitsgrad des alkoholfreien Bieres an. Der Absatz steigt.

TIPP

1. Nanny State von BrewDog
2. überNormalNull von Kehrwieder Kreativbrauerei
3. Naked von BRLO

KATER-GESCHICHTEN

—

Ein bekömmliches Getränk mit lauter natürlichen Zutaten – ja, kann denn das Sünde sein?

Zum Wohl heißt es, zum Wohl kann es auch sein, vorausgesetzt man trinkt Bier nicht im Übermaß. In dem Fall gibt es neben einem imposant runden Bierbauch, den man(n) vor sich herschiebt, jede Menge Gründe, die dagegensprechen. Allen voran die Sucht. Auch wenn der Alkoholgehalt relativ gering ist und man das tägliche Feierabendbier eher als Genuss sieht, lauert genau hier die Gefahr, denn die Grenzen zur Alkoholsucht verlaufen fließend. Aber auch andere medizinische Risiken drohen. Angefangen bei Sodbrennen über Diabetes bis hin zu Leberentzündungen und Krebs kann zu viel Alkohol große Schäden mit sich bringen oder zumindest begünstigen. Fakt ist nun mal, dass Alkohol ein Zellgift ist, an dem die Leber ganz schön zu knabbern hat, um es wieder loszuwerden und auszuscheiden.

Aber wohldosiert darf man genießen. Und dafür gibt es Richtwerte. So empfehlen etwa die Experten der Weltgesundheitsorganisation WHO, am Tag nicht mehr als 30 Gramm Reinalkohol zu sich zu nehmen, Frauen sogar nur 20 Gramm. Das entspricht einem Dreiviertelliter beziehungsweise einem halben Liter Bier. Trinkt man nicht mehr und verzichtet mindestens zwei Tage in der Woche auf Alkohol, halten sich die gesundheitlichen Folgen von Alkohol in Grenzen.

Bier is gsund, solange man's nicht sinnlos in sich hinein- laufen lässt.

Braumeisterin Schwester Doris,
Klosterbrauerei Mallersdorf

Kater-Tipps

Je bierseliger der Abend, umso größer der Kater am nächsten Morgen. Besserwisser-Tipps für davor und danach können da mitunter ganz hilfreich sein. Wir haben auch ein paar!

Vor dem Bier

Die Regel Nummer eins hat jeder schon mal gehört: Alkohol nicht auf nüchternen Magen trinken. Tut man es doch, wirkt der Alkohol nicht peu à peu, sondern eher mit der Schlagkraft eines Vorschlaghammers. Der Alkohol gelangt schlichtweg schneller in den Blutkreislauf, was größtenteils über den Dünndarm geschieht, in geringeren Mengen über den Magen und die Schleimhäute von Mund und Speiseröhre. Ein herzhaftes, fettreiches Essen als Grundlage kann da schon Wunder wirken. Es gibt noch mehr Faktoren, die bewirken, dass Alkohol (zu) schnell ins Blut gelangt: warme Getränke mit Alkohol, Kohlensäure oder Zucker. Somit erklären sich auch die warmen Füße nach nur wenigen Schlucken Glühwein …

Zum Bier

Absolut empfehlenswert ist auf jeden Fall ein regelmäßiges Zwischenwasser, am besten abwechselnd zum Bier. Man darf es nur nicht vergessen! Konstantes Wassertrinken hilft vorbeugend, damit der Körper nicht zu stark entwässert. Außerdem bleibt das Blut dünnflüssig. Wenn man sich vor Augen führt, dass 50 Gramm Alkohol gelöst in 250 Milliliter Wasser dazu führen, dass wir etwa 600 bis 1.000 Milliliter Flüssigkeit ausscheiden, macht das Zwischenwasser durchaus Sinn, um nicht zu dehydrieren. Der Wasserentzug ist eine der Ursachen für das typische Unwohlsein. Dazu kommen Abbauprodukte des Alkohols, die in der Leber entstehen, allen voran Acetaldehyd. Und das verträgt der Körper schlecht.

Nach dem Bier

Noch 'n Absacker gefällig? Ist man schon mit einem Bein auf dem Weg heim, kann man sich den sparen. Die Blutalkoholkonzentration hat erst nach 45 bis 75 Minuten den Höhepunkt erreicht. So richtig wirken wird der Absacker daher erst im Taxi oder der U-Bahn. Und wenn dann doch alles wieder so lief, wie man es nicht geplant hat: Jede Menge stilles Wasser, Mineralstoffe und ein ordentliches Katerfrühstück am nächsten Morgen schaffen Abhilfe. Gern mit Rollmops, denn der ist ein wahres Mineralstoffdepot. Wovon Experten abraten: Konterbier. Das hilft nur kurzfristig und schiebt den Kater lediglich auf.

ÜBRIGENS

Frauen plagt ein Kater schneller als Männer. Grund dafür ist ihr höherer Körperfettanteil. Männer hingegen haben einen höheren Anteil an Wasser im Körper, und der Alkohol verteilt sich schlichtweg besser im Körper.

Bierbauch-Mythos

Wer's übertreibt, hat gute Chancen, einen Bierbauch heranzuzüchten, keine Frage. Trinkt man Bier aber genießerisch in Maßen, kann das kaum schaden.

Manch einer behauptet sogar, es würde den Fettstoffwechsel positiv beeinflussen. Aber wie kommt es denn nun zum typischen Bierbauch? Schuld daran sind hauptsächlich die Bitterstoffe im Hopfen, denn sie sind appetitanregend. Kein anderes alkoholisches Getränk macht eine so große Lust auf salzige, fettige, herzhafte Snacks. Und die liefern jede Menge Kalorien. Wobei auch im Bier Kalorien stecken:

Durchschnittlicher Kaloriengehalt von Getränken

Kilokalorien pro 100 Milliliter

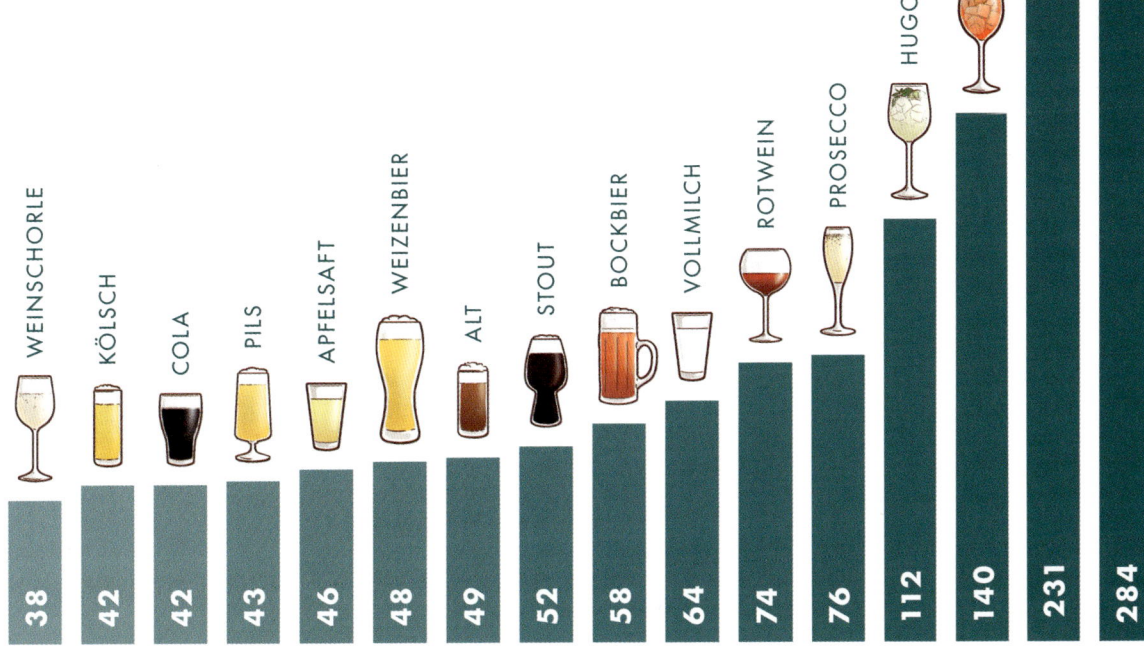

WEINSCHORLE	KÖLSCH	COLA	PILS	APFELSAFT	WEIZENBIER	ALT	STOUT	BOCKBIER	VOLLMILCH	ROTWEIN	PROSECCO	HUGO	APEROL SPRITZ	RUM	EIERLIKÖR
38	42	42	43	46	48	49	52	58	64	74	76	112	140	231	284

Großes Dankeschön

Allen voran an Ole Schleef, der keine Minute gezögert hat, dabei zu sein, und der dem Buch illustratives Leben eingehaucht hat – mit dem für seinen Stil typischen Augenzwinkern. Und an Tina Polster, die mir nichts, dir nichts in diesem Dreier-Team landete und es mit ihrem besonderen Blick fürs Layout geschafft hat, immer genau unsere Vorstellungen zu treffen. Als könnte sie Gedanken lesen.

Ich danke Birgit Rieber und Sepp Wejwar von Beerkeeper, deren Begeisterung für gutes Bier und deren geballtes Bierwissen immens mitreißend und lehrreich zugleich sind. Ganz besonders danke ich Birgit, die vielen Kapiteln den fachlichen Feinschliff gegeben hat.

Kommen wir zum frisch gebrauten Bier. Da danke ich Jens Block von Bunthaus Brauerei und Sascha Bruns von Landgang Brauerei für ihre wertvolle Brauer-Expertise und Axel Ohm von ÜberQuell für den Expertenschnack am Hafen über (nicht nur) die Hamburger Biergeschichte und Craft Beer in Deutschland.

Das kulinarische Dankeschön geht an Christian Nicolaysen, der drei mindestens so besondere wie leckere Rezepte mit Bier entwickelt hat, die zeigen, wie facettenreich Bier auch auf dem Teller sein kann. Das zweite kulinarische Dankeschön erhält Christof Johann, der dem Rezepte-Kapitel ein knuspriges Bier-Brot beigesteuert hat, das man sogar ohne großes Backtalent zubereiten kann.

Danke an Antje Nicolaysen, die beim Rezepteformulieren die Nerven behalten hat, Marlies Krempl, die mit Zahlen jongliert hat, Eva Spundflasche für ihre Wort-Expertise, Ula Michalowska, die den Ertrunkenen gegessen hat, Giacomo Torreggiani, der die italienischen Besonderheiten aufgeschlüsselt hat, und Martin Kess für seine liebsten Craft-Beer-Shops. Und natürlich danke ich all denjenigen, die mit mir spannende Biere getestet und mich zwischendrin ermutigt und unterstützt haben.

Last, but not least danke ich meinem Agenten Florian Glässing, der sofort an diese Buchidee geglaubt hat und zwischendrin immer mal wieder beruhigend zur Stelle stand. Und natürlich meiner Lektorin im Heyne Verlag, die mich mit viel Einfühlungsvermögen geleitet und stets die Ruhe bewahrt hat, sowie Dr. Michael Schmidt, der mit Leidenschaft für das Thema für den textlichen Feinschliff gesorgt hat.

Glossar

Alphasäuren

Die im Hopfen enthaltenen Alphasäuren machen maßgeblich die Bittere einer Hopfensorte aus.

Anstellen

Das Anstellen bezeichnet das Hinzufügen der Hefe zur Würze im Gärbottich oder -tank.

Biergattungen

Dies entspricht einer von der Bierverordnung verlangten Klassifizierung von Bieren anhand des Stammwürzegehalts. Demnach gibt es die Biergattungen Einfachbier, Schankbier, Vollbier und Starkbier.

Bierstil

Ein Bierstil wie zum Beispiel Pils, Kölsch oder Märzen bezeichnet eng verwandte Biere, die bestimmte Merkmale teilen.

Bittereinheit

Kurz auch IBU (International Bitter Unit) genannt, ist die Bittereinheit ein Wert, der die Bittere eines Bieres angibt. Er entspricht den Alphasäuren aus dem Hopfen im fertigen Bier.

Darren

So nennt man das Trocknen des Grünmalzes durch Hitze beim Mälzen von Getreide. Das Darren stoppt die Keimung, außerdem werden Farbe und Geschmack des Malzes entschieden.

EBC-Wert

Nach dem EBC-Wert, festgelegt von der European Brewery Convention, wird die Farbstärke eines Bieres nach einer in Europa geltenden, durchnummerierten Farbskala eingeteilt.

Hopfengabe

Das Hinzufügen von Hopfen in verschiedenen Phasen des Brauprozesses entspricht je einer Hopfengabe.

Hopfenstopfen

Siehe Kalthopfung

IBU

Siehe Bittereinheit

Jungbier

So heißt das frisch gebraute Bier nach der Hauptgärung, das noch nicht gelagert wurde und noch reifen muss.

Kalthopfung

Bei dieser Methode der Hopfengabe werden hauptsächlich Aromastoffe und kaum Bitterstoffe aus dem
Hopfen gelöst, indem der Hopfen
erst im Lagertank hinzugefügt wird.
Auch Hopfenstopfen oder im Englischen dry hopping genannt.

Kältedestillation

Durch diese Methode, bei der Bier
vereist und das gefrorene Wasser
entfernt wird, kann man Bier mit einem weitaus höheren Alkoholgehalt
herstellen. Auch Eisbock-Methode
genannt.

Lager

Das ist sowohl ein Synonym für
untergärig im englischsprachigen
Raum als auch ein Bierstil untergäriger Vollbiere.

Läutern

So nennt man das Trennen von flüssigen und festen Bestandteilen beim
Bierbrauen im sogenannten Läuterbottich.

Lupulin

Dieses mehlartige Pulver in den Lupulindrüsen der weiblichen Hopfen-
dolde ist für das Brauen wertvoll.

Maische

Wenn im Maischbottich das Brauwasser mit dem Malz vermischt
wird, entsteht die Maische. Durch
das Erwärmen der Maische begin-
nen Enzyme, Stärke in Malzzucker
umzuwandeln.

Mälzen

Dies ist der kontrollierte Keimvor-
gang, bei dem Getreide in Malz umgewandelt wird, um für das Brauen
verwendet werden zu können.

Obergärige Hefe

Diese Hefeart arbeitet bei Temperaturen zwischen 16 und 24 Grad.
Typisch für sie ist, dass sie viele Gärnebenprodukte bildet, die dem Bier
besondere Aromen verleihen.

Rezenz

Beim Trinken von Bier bezeichnet
die Rezenz den Frischeeindruck, der
maßgeblich durch die enthaltene
Kohlensäure bewirkt wird.

Schüttung

Unter einer Schüttung versteht man
die Mischung und Menge verschiedener Malzsorten, die fürs Brauen
eines Bieres gewählt werden.

Spelzen

Die Schutzhülsen von Getreidekör-
nern nennt man Spelzen. Beim Brau-
en bilden die Spelzen von Gersten-
körnern den Treber, durch den die
Würze geklärt wird.

Spontangärung

Bei einer Spontangärung leiten wilde Hefesporen zum Beispiel aus der
Luft den Gärprozess ein.

Stammwürze

Sie bezeichnet den Anteil der aus
Hopfen und Malz im Wasser gelösten, nicht flüssigen Stoffe vor der
Gärung. Die Höhe des Stammwürzegehalts, die in Grad Plato bestimmt
wird, entscheidet über den späteren
Alkoholgehalt des Biers.

Treber

Wenn die Spelzen der Gerstenkör-
ner sich beim Läutern am Boden absetzen und eine Filterschicht bilden,
nennt man dies Treber. Er kann später als reichhaltiges Viehfutter oder
zum Brotbacken verwendet werden.

Untergärige Hefe

Die untergärige Hefe arbeitet schonend und langsam bei Temperaturen
zwischen 6 und 12 Grad Celsius.

Würze

Das ist beim Bierbrauen der flüssige,
vergärbare Teil der Maische. Die
Würze beim Brauen entspricht dem
Most bei der Weinherstellung.

Register

Buchtipps und Weblinks

Bücher zum Schmökern

Die Biersorten der Brauwelt
Horst Dornbusch, 2014
Carl Hans Fachverlag

Die Heilkraft des Bieres
Heidelore Kluge, 2015
Kopp Verlag

Bier
Michael Jackson, 2005
Dorling Kindersley Verlag

Craft-Bier einfach selber brauen
Ferdinand Laudage, 2017
Ulmer Verlag

The New World Guide to Beer
Michael Jackson, 1988
Running Press

Tasting Beer
Randy Mosher, 2009
Story Publishing

Bièrographie
Elisabeth Pierre, Anne-Laur Pham,
Mélody Denturck, 2015
Hachette

Bier kombiniert
Sepp Wejwar, Karl Schiffner, 2010
Österreichischer Agrarverlag

Bier leben
Oliver Wesseloh, 2015
Rowohlt Verlag

#instabier #biertrinken #beer
#beertime #craftbeer #homebrew
#bierdestages #beerblog #bier
#bierselberbrauen #lieblingsbier
#craftbeergeek #beerstagram

Craft-Beer-Shops

Aachen
Hopfen + Malz
www.hopfenundmalz.de

Berlin
Lager Lager
www.lagerlagerberlin.de
Hopfen & Malz
www.hopfenmalz.de
Boxi Kiosk
Spätkauf in Friedrichshain

Bremen
Brolters
www.brolters.de

Dresden
Hopfenkult
www.hopfenkult.de

Düsseldorf
Britische Biere
www.britische-biere.de

Erlangen & Bamberg
Bierothek
www.bierothek.de

Frankfurt am Main
Bierboutique Ølwechsel
www.edlebiere.de

Göttingen
Barley & Hops
www.barleyandhops.org

Hamburg
Beyond Beer
www.beyondbeer.de
Craft Beer Store
www.craftbeerstore.de
Getränke Shop Höpner
www.hoepner-getraenke.de

Kiel
Brewcomer
www.brewcomer.com

Köln
Bierlager
www.bierlager.de
Pulle & Stulle
www.pulleundstulle.de

Lübeck
Craft Beer Rock Stars
www.craftbeerrockstars.de

Mannheim
upper glass
www.upperglass-craftbeer.de

München
Biervana
www.biervana.eu
Lotto und Getränke Walter
Frundsbergstraße

Würzburg
Ines Beerstore
www.ines-beerstore.de

Bier-Blogs & Co.

www.beerhunter.com
Webseite des 2007 verstorbenen
britischen Bierexperten Michael
Jackson

www.beerkeeper.eu
Online-Magazin rund ums Bier,
Biersepp-Blog, dazu Infos zu
beerkeeper-Kursen

www.craftbeer-revolution.de
Deutsche Bier-Community mit
Interviews und Lexikon zum Thema
Bier und Brauen

www.feinerhopfen.com
Craft-Beer-Blog mit Experteninter-
views und Craft Beer des Monats

www.hopfenhelden.de
Online-Magazin mit einer Fülle
an aktuellen Artikeln rund um
das Thema Craft Beer

www.hopfenmaedchen.com
Bier-Blog mit Rezepten, Brauberich-
ten und Tipps rund ums Craft Beer,
das alles aus weiblicher Sicht

www.private-brauereien.de
Webseite des Verbandes für Privatbrauereien in Deutschland mit Infos
zum Bierwettbewerb European
Beer Star

www.ratebeer.com
Weltweites Bewertungsportal für
Craft Beer mit riesiger Community

Die Weinbibel fürs 21. Jahrhundert!

Rot oder weiß? Cabernet oder Merlot? Welcher Wein zu welchem Essen? Guten Wein zu finden ist leichter, wenn man sich ein wenig auskennt. Ob Geschmacksprofile, die wichtigsten Weinregionen oder Tipps zum Erschmecken und Servieren: Sommelière Madeline Puckette und Justin Hammack haben einen einzigartigen Weinführer kreiert, der mit bunten Grafiken schnell und einfach alle Basics über Wein vermittelt und dabei auch noch Spaß macht.

978-3-453-60399-8

HEYNE ‹